AF740938

Fidèle à sa volonté de maintenir vivant l'ensemble du catalogue et de continuer à rendre accessible à tous la richesse de son contenu, Les marques du groupe L'Harmattan proposent les ouvrages, même s'ils sont épuisés dans leur premier tirage, et les impriment à la demande.
Au vu de l'ancienneté de ce titre, un exemplaire original a été numérisé pour être réimprimé, ce qui pourrait altérer légèrement la qualité de certains passages.

Photo de couverture : *Une leçon clinique à la Salpêtrière (service du Pr Charcot)* par André Brouillet. © ND-Viollet.

AUTOUR DES ÉTUDES SUR L'HYSTÉRIE

Vienne 1895, Paris 1995

Jean Clair
Nicole Edelman
René Major
Mark S. Micale
André Michels
Jacqueline Rousseau-Dujardin

AUTOUR DES ÉTUDES SUR L'HYSTÉRIE
Vienne 1985, Paris 1995

Présentation par Élisabeth Roudinesco

L'Harmattan
5-7, rue de l'École Polytechnique
75005 Paris - FRANCE

L'Harmattan Inc.
55, rue Saint-Jacques
Montréal (Qc) - CANADA H2Y 1K9

XIIe colloque de la Société internationale d'histoire de la psychiatrie et de la psychanalyse

© L'Harmattan, 1998
ISBN : 2-7384-6301-0

Présentation

Le mot "psychoanalyse" fait son apparition en 1896 dans un texte de Sigmund Freud rédigé en français. Un an auparavant avec son ami Josef Breuer, Freud a publié ses fameuses *Etudes sur l'hystérie*. Dans cet ouvrage est raconté le cas d'une jeune fille juive et viennoise qui souffre d'hystérie, un mal étrange, d'origine psychique, où sont mis en scène des fantasmes sexuels à travers des contorsions du corps. La patiente s'appelle Bertha Pappenheim et son médecin lui a donné le nom d'Anna O. Son histoire deviendra légendaire car c'est à Anna O., c'est-à-dire à une femme, et non pas à un savant, que l'on attribuera l'invention de la méthode psychanalytique : une cure fondée sur la parole, une cure dans laquelle le fait de verbaliser la souffrance, de trouver des mots pour la dire permet sinon de la guérir, du moins de prendre conscience de ses causes et de son origine et donc de l'assumer ou de la maîtriser.

Pour célébrer le centenaire de ce livre originel de la psychanalyse, la Société internationale d'histoire de la psychiatrie et de la psychanalyse a réuni lors de son colloque annuel (1) des orateurs venus de divers horizons. En historien de l'art, Jean Clair analyse les expressions comparées de l'hystérie dans l'*Iconographie de la Salpêtrière* et dans la peinture moderne, tandis que Nicole Edelman s'interroge sur la naissance d'une nouvelle catégorie de la féminité sous la IIIe République. De son côté, Mark Micale trace les grandes lignes d'une culture de l'hystérie dans la littérature française de la fin du XIXe siècle. Quant à René Major et Jacqueline Rousseau-Dujardin, ils abordent directement la question de la genèse et de l'interprétation de l'ouvrage, l'un par le biais d'un débat historiographique, l'autre par une réflexion sur la notion freudienne de sexualité féminine. Enfin, André Michels propose l'étude d'un cas clinique actuel.

Elisabeth Roudinesco

---

(1) Le colloque de la SIHPP s'est tenu à l'hôpital Sainte-Anne le 18 novembre 1995. Nous remercions tous ceux qui ont participé à sa réalisation : François Bing, Jacques Maître, Agnès Rousseau, Etienne Trillat.

Introduction

Au bout d'un siècle de freudisme, nous sommes en droit de nous demander si le terme d'hystérie n'a pas servi à plusieurs générations de psychanalystes pour aborder de biais la question de la féminité, comme si elle avait dû emprunter cette voie détournée pour se faire entendre. Il est vrai aussi qu'elle échapperait à une appoche trop directe ainsi qu'à toute tentative de maîtrise, conceptuelle ou autre, puisque tout est métaphore à ce niveau. D'où aussi la difficulté pour l'historien d'en repérer les traces dans le passé, ainsi que le notent Georges Duby et Michelle Perrot (1) : elle était reléguée aux marges de l'histoire où elle ne faisait irruption que par accident et passait à travers les mailles de l'historiographie classique, celle-ci attachée plutôt aux actes politiques, faits de guerre ou exactions religieuses.

Pour en savoir plus, il fallait d'abord que quelqu'un accorde crédit à une parole de femme, considérée traditionnellement comme peu digne de confiance, contrairement à celle de l'homme supposée droite (ce mot très évocateur mériterait d'être plus amplement exploré). Elle n'aurait guère eu de chances de se faire entendre par un représentant d'un des grands discours, politique ou juridique, philosophique ou théologique, qui, apparemment, à la fin du siècle dernier étaient encore solidement ancrés dans leur tradition métaphysique. La médecine n'était guère mieux préparée à recevoir cette parole insensée, encore qu'elle fût en train de se transformer de fond en comble : la scientificité de ses méthodes d'investigation connaissait en effet un essor exceptionnel et durable grâce aux travaux de Helmholtz et de Dubois-

1. G.Duby et M Perrot : Ecrire l'histoire des femmes qui est leur introduction commune à l'Histoire des femmes, tome 1, Plon, Paris, 1991

Reymond à Berlin, de Claude Bernard à Paris. C'est par Brücke, leur représentant à Vienne, que Freud a été introduit à ce nouveau paradigme scientifique qui, peu à peu, a débarrassé la médecine de ses présupposés et préjugés traditionnels, pour lui conférer en retour un éclat et un prestige jamais atteints. Rien d'étonnant à ce que ce fils d'immigré en quête de reconnaissance ait voulu devenir à son tour maître d'une disipline parée d'une telle auréole.

Même si le "premier" psychanalyste ne s'est pas débarrassé de toutes les prémices de la métaphysique - Alexandre Koyré, avec beaucoup d'humour, disait à peu près la même chose de Copernic (2) -, reconnaissons lui le courage extraordinaire d'avoir su être à la pointe de la subjectivité de son époque en s'aventurant au-delà des limites, imposées par la tradition, entre les différents champs du savoir que leur tenants-lieu défendaient comme un acquis qui leur revenait de droit. Freud ne s'est pas attribué l'hystérie comme un territoire à conquérir, mais l'a abordée plutôt comme un discours à découvrir et à étudier. En se laissant enseigner par cette parole dérangeante et inouie, inqualifiable et inclassable sinon sur le mode de l'opprobre et de l'exclusion, il a pu y découvrir une source d'inspiration pour l'exploration d'une nouvelle discursivité. Celle-ci cependant ne s'est pas imposée en une fois et Freud reste malgré tout - aurait-il pu en être autrement ? - un enfant de son temps. Les bouleverements économique et social qui se sont produits au cours du siècle dernier à la faveur de l'industrialisation et de la colonisation, n'ont été que des précurseurs aux catastrophes politiques et hamaines d'un tout autre ordre qui ont marqué ce siècle. Une analyse sommaire y verrait comme un dernier soubresaut des traits les plus virulents et les plus destructeurs d'une virilité déjà ébranlée et atteinte dans son statut, et dont la démesure n'avait d'égal que sa fragilité. La "femme", quant à elle, serait-elle plus paisible ?

2. A. Koyré : From the closed world to the infinite universe, John Hopkins Press, Baltimore, 1957, chap. II

Ce volume rassemble les actes du colloque annuel organisé par la Société d'histoire de la psychiatrie et de la psychanalyse, colloque qui a eu lieu en Novembre 1995 à l'hopital Sainte-Anne, à Paris.

Il s'agissait d'un prélude à la célébration du centenaire de la naissance "officielle" de la psychanalyse au moment de la publication, par Sigmund Freud, de L'Interprétation des rêves, en 1900. Dès 1895 en effet paraissaient à Vienne les Etudes sur l'hystérie, signées, elles, par Joseph Breuer et Sigmund Freud, et au cours desquelles, à travers quelques observations de patientes dites "hystériques", s'élaboraient et se précisaient des idées en germe depuis quelques années, et de plus en plus insistantes, sur l'étiologie sexuelle des névroses. En même temps, Freud y annonçait son abandon de l'hypnose pour traiter ces malades, et mettait au point les éléments principaux de ce qui deviendra la théorie et la méthode psychanalytiques.

Il semblait donc pertinent, pour une Société d'histoire de cette discipline, de susciter et de recueillir des travaux qui contribueraient à éclairer la notion d'hystérie telle qu'elle était envisagée à la fin du siècle dernier dans différents secteurs de la société, au-delà même du champ médical, à la situer en somme dans son contexte pour mieux l'identifier et pour comprendre comment elle s'était imposée à Breuer et Freud comme objet d'étude prioritaire. En même temps, il fallait repérer dans les travaux de ces derniers, en 1895, les axes de réflexion petit à petit mieux affirmés, qui structureraient la pensée ultérieure de Freud, le seul à poursuivre dès lors dans la voie ici ouverte.

Les textes que l'on trouvera dans ce volume répondent à cette orientation, sans prétendre l' explorer de façon exhaustive. On y remarquera - notre préambule l'annonce - une intrication étroite entre la question de l'hystérie et celle du féminin, trait par lequel se marque la difficulté d'une ségrégation entre normal et pathologique dès qu'il s'agit du psychisme de l'être humain, mais plus particulièrement lorsque celui-ci est femme. Derrière le visage tourmenté de la malade hystérique, c'est celui de la femme en général, assujettie à une condition particulière, laquelle est définie du reste majoritairement par les hommes, que l'on discernera. Autant d'éléments pour repenser la question de la différence des sexes dans sa dimension historique.

Il nous paraît que cet ensemble constitue comme tel un apport intéressant à l'historiographie de la pathologie mentale en général et, plus spécifiquement, du mode d'abord de celle-ci à travers la psychanalyse.

André Michels
Jacqueline Rousseau-Dujardin

Comment naît la théorie freudienne de la sexualité féminine dans les Etudes sur l'Hystérie

Jacqueline Rousseau-Dujardin

"Fin de siècle"... Il y a bien quelque chose d'apocalyptique dans l'expression, et les millénarismes qui se sont succédé le reflètent régulièrement. Les perspectives qui s'ouvrent à nous aujourd'hui ne sont pas faites pour créer un autre climat. On dirait même qu'elles sont aggravées par rapport à celles que Freud voyait se déployer devant lui. En ce temps-là, on pouvait du moins compter sur la science, malgré ses faux-pas ou ses hésitations - la science ou ce qu'on prenait pour elle - qui apporterait des solutions là où persistaient les difficultés. Vaste domaine dont certaines régions restaient encore inexplorées. Restait à choisir celle où l'on s'aventurerait. Non seulement pour en tirer des éléments qui permettraient des développements cohérents - ce qui constituerait un dessein suffisant actuellement - non, pour qu'elle révêle aussi un pan de connaissance demeuré jusque là caché, pour, en somme qu'elle fasse don d'une découverte, profitable à l'humanité, certes, mais dont la gloire rejaillirait sur le chercheur victorieux. Morceaux de terres vierges encore à conquérir, s'offrant au regard pénétrant de l'homme et du savant pour peu, en somme, qu'il n'ait pas froid aux yeux.

Le regard pénétrant, c'était, on le sait, une des caractéristiques physiques de Freud - comme, il faut bien le dire, d'un certain nombre de médecins de son temps habitués à scruter les corps et les âmes, du moins si l'on en croit les photographes, les biographes ou les écrivains. Le temps des *hypnotiseurs,* il est vrai... Mais jusqu'en 1895, ce regard avait, en quelque sorte, fait long feu. La découverte s'était dérobée, faute peut-être que le jeune et brillant médecin ait su précisément où faire porter son attention - l'orientation de ses recherches avait changé plusieurs fois - faute aussi à un destin contraire dans lequel intervenaient les, la femme : un autre n'avait-il pas découvert les propriètés anesthésiantes de la cocaïne alors qu'il avait, lui, juste un moment, tourné les talons pour faire visite à sa fiancée ? Henri Ellenberger met bien en évidence les vacillations des débuts freudiens, le lent démarrage d'une carrière qui, on le saurait plus tard, ne perdait rien pour attendre.(1)

En 1895, Freud allait avoir quarante ans. Il était marié depuis presque dix ans, tous ses enfants étaient nés ou sur le point de naître : la venue au monde d'Anna est à peu près contemporaine de la publication des *Etudes sur l'Hystérie.*(2) Mais la réussite professionnelle ne répondait pas à ses aspirations. Sa voie s'était pourtant récemment précisée : il était un médecin des nerfs, comme plusieurs publications en avaient déjà instruit ses collègues. Des publications à la fortune variable à vrai dire et qui, elles non plus, ne comblaient pas les espoirs de son auteur. On se souvient de la fameuse conférence sur l'hystérie masculine, prononcée en 1886, au moment justement où Freud se mariait - encore la femme - et dont il avait gardé un souvenir amer, ce qui, selon Ellenberger, et malgré les écrits de Jones, n'était pas justifié. (Encore faut-il nuancer : Jones prend lui-même ses distances vis-à-vis du ressentiment de Freud.) Après tout, avoir senti qu'il était injustement critiqué n'était peut-être pour lui qu'un stimulant à poursuivre ses recherches. N'avait-il pas écrit à sa fiancée en Octobre 1883 : "... un échec (dans les recherches scientifiques) rend le chercheur inventif, crée un libre courant d'associations, apporte idées après idées, tandis qu'un succès entraîne une certaine étroitesse d'esprit ou une certaine lourdeur mentale. Elles s'installent de sorte que l'on continue à revenir sur ce qui a déjà été dit sans être capable d'établir de nouvelles combinaisons"(3). C'est justement ce qu'il fit, essayant de débrouiller, dans les fourrés épineux de l'hystérie, depuis longtemps objet d'étude, des traits caractéristiques.

Il n'est guère facile de se retrouver aujourd'hui dans la situation nosologique du temps. Chaque chercheur, chaque école pour peu qu'on en forme une, en déplaçaient les traits distinctifs, en obscurcissaient certaines cases pour en créer d'autres où ranger des symptômes jusque là non isolés et qui, un temps, et avant de disparaître dans l'obscurité, cristallisaient en syndrômes auxquels on attribuait bien entendu étiologie et devenir spécifiques. Comme cependant il en demeurait des traces, le champ des névroses augmentait petit à petit en complexité, non sans que certains de ses aspects reflètent les incidences sur la santé psychique des transformations sociales dues au développement industriel. On sait le rôle ainsi joué par les traumatismes qu'occasionnaient entre autres les accidents de chemin de fer et, par le biais des compagnies d'assurances, les recherches suscitées de la sorte, portant sur la différence entre névroses traumatiques et hystérie. Une question qui toucha Freud de près puisque la conférence de 1886 justement lui était consacrée. Sur l'hystérie masculine, avons-nous dit. Cela n'était pas exceptionnel et, sur ce point, Freud n'apportait rien de nouveau, comme il aurait pourtant été censé le faire d'après les statuts de la Société des Médecins de Vienne, et comme d'ailleurs Meynert le lui fit remarquer.

Ce n'était pas faute de travailler avec acharnement. Peu avant la publication des *Etudes sur l'Hystérie,* Freud mettait en place une espèce nouvelle, ou du moins s'y essayait : la névrose d'angoisse. Son travail s'intitulait : *Du bien-fondé à séparer de la neurasthénie un complexe de symptômes déterminé en tant que "Névrose d'angoisse"* et commençait en ces termes : "Il est difficile d'énoncer quelque chose qui ait valeur générale au sujet de la neurasthénie tant qu'on laisse ce nom de maladie signifier tout ce pour quoi Beard l'a utilisé... On fraie la voie à la modification la plus tranchante si l'on se résout à séparer de la neurasthénie ce complexe de symptômes que je vais décrire dans la suite... Je nomme ce complexe de symptômes " névrose d'angoisse" parce que l'ensemble de ses parties constitutives peut être regroupé autour de l'angoisse et parce que chacune d'entre elles, prise isolément, possède une relation déterminée à l'angoisse." (4) Un certain Hecker s'était déjà, il est vrai, intéressé à la question, mais sans détacher ce syndrôme d'angoisse de la neurasthénie.

Penser, classer, grouper et distinguer, constituer, selon le modèle des sciences naturelles, des arbres avec leurs branches, en élaguer certaines. Un travail dont beaucoup pouvaient se satisfaire mais dont on a l'impression qu'il ne suffisait à Freud que faute de mieux. Pourtant, "la" découverte, celle qui assurerait sa renommée, pour le meilleur et pour le pire, infiltrait ses recherches : l'importance des troubles de la sexualité à l'origine des affections névrotiques, question controversée s'il en fut et dans laquelle il allait résolument prendre parti. En somme, on le voit passer d'une attitude qu'on pourrait qualifier de descriptive à une recherche déductive, déplacer, autant que faire se peut la question du "Comment?" au "Pourquoi ? " avec les risques y afférents. Et donner au moins des éléments de réponse dans ce travail sur la névrose d'angoisse puisque les troubles de la sexualité sont retenus comme facteurs déclenchants de l'affection. Que des conditions héréritaires jouent un rôle, c'est probable accorde Freud, mais il "incline fortement à penser" que tout être humain normal peut être amené à la névrose d'angoisse. (5) Où l'on voit comment la "constitution" est en passe de perdre du terrain au profit de l'exercice de la sexualité, le tout sous la domination "d'un facteur quantitatif, la charge totale du système nerveux en rapport avec sa capacité de résistance" (6) Où l'on voit comment la sexualité peut, par ses dysfonctionnements "actuels" déterminer des troubles névrotiques. On sait la place que joue le coïtus interruptus dans ces dysfonctionnements. Il n'est pas interdit de penser que cette "actualité" se redouble de considérations portant sur la propre vie conjugale de Freud. Après 8 ans de mariage, son sixième enfant vient de naître... La liste familiale sera close dès lors tandis que Freud traverse une période psychiquement troublée, à laquelle l'autoanalyse apportera les améliorations que l'on connaît en même temps qu'elle aboutira à une autre naissance, symbolique cette fois, la Traumdeutung. Trajet exemplaire anticipant la sublimation ? En tout cas, un article de Freud tout proche dans le temps, La sexualité dans l'origine des névroses, 1898, propose un vibrant plaidoyer pour la contraception, plaidoyer qui, s'il n'est pas prononcé au nom des femmes, n'en aurait pas moins sa place, cent ans après, dans nombre de débats. (7)

Tout cela pour dessiner à grands traits le contexte freudien en 1895, l'année dont nous commémorons le centenaire. Il n'en reste pas moins que, si l'on comptait alors la neurasthénie et l'hystérie comme les deux grandes névroses du temps, l'une était réputée affecter généralement les hommes, l'autre les femmes. Et que les *Etudes sur l'Hystérie* sont consacrées à des malades du sexe féminin, même donc s'il l'on admettait généralement des cas d'hystérie masculine. Les Etudes : portraits d'une exposition, premières des "Kranken Gesichte " qui se poursuivront dans ce qu'on appelle en français les Cinq Psychanalyses. Des observations qui, pour lors, sont désignés par les noms des patientes, pseudonymes bien entendu, dont l'une, comme l'on sait, est une malade de Joseph Breuer, les quatre autres les clientes du "jeune collègue" Sigmund Freud. Autant dire dès maintenant que le titre que j'ai choisi pour cet exposé, il y a longtemps déjà, m'a paru, à la relecture des *Etudes*, hardi jusqu'à la fantaisie. Je les voyais dans ma mémoire, ces premières patientes, beaucoup plus "sexualisées" par l'écrit freudien qu'elles ne le sont réellement. Sans doute projetais-je rétrospectivement sur elles, imprécises encore vis-à-vis de la chose sexuelle telles qu'elles apparaissent dans ce texte, la lumière de Dora, sur l'histoire de laquelle j'avais travaillé récemment. Certes, on trouve dans ces pages des éléments, mais ponctuels, ténus. Il faudra donc m'accompagner pour lire souvent entre les lignes, pour tirer parti d'indices, pour sortir du texte à la découverte d'éléments biographiques, voire pour repérer chez Freud, le médecin, un débat entre masculin et féminin dans sa propre position thérapeutique, et pour signaler chemin faisant sur quoi portait le principal de la découverte freudienne. Tout cela en constatant que, malgré ces réserves, l'aspect, disons, sexuel des patientes va en s'accentuant de la première à la dernière, la sexualité ou du moins l'amour - car on n'appelle pas vraiment encore ici un chat un chat, comme Freud l'exigera plus tard - l'amour donc, occupe une place qui va en s'accroissant au fur et à mesure des observations.

Il faut faire une exception sans doute pour la quatrième de ces observations, celle de Katharina. Katharina sans nom de famille, comme on nommait une domestique ou une servante, ce qu'elle était justement. Par elle, la chose sexuelle est désignée sans déguisement, elle parle "bien plus facilement que les dames prudes de (la) cientèle viennoise (de Freud) pour qui tout semble *naturalia turpia.*" Nous sommes ici dans le trauma incestueux, la tentative de séduction réelle par un homme de la famille, désigné en 1895 comme l'oncle de la jeune fille et dont Freud notera trente ans plus tard qu'en fait, il s'agissait du père. L'histoire ne comporte d'ailleurs pas de très longs développements. Alertement écrite, vite enlevée, l'affaire d'une conversation sur une terrasse d'auberge dans la montagne, un jour de beau temps, - Freud y serait allé, tel un peintre, "au motif" - conversation suivie d'un soulagement de la malade, sinon d'une guérison immédiate. Moralité : les jeunes filles, et même celles dont les yeux ont été désillés par un contact étroit avec la nature, les jeunes filles ont peur lorsqu'elles surprennent des rapports sexuels, surtout si leurs parents sont concernés, elles sont choquées par les manoeuvres de séduction qui s'exercent sur elles de la part de leur père jusqu'à en tomber malades. Pourtant, Freud, qui, en conclusion "espère avoir fait quelque bien à cette jeune personne si précocement blessée dans ses émotions sexuelles" (8) et qu'il note n'avoir jamais revue (mais il la reverra plus tard, ainsi que son fils), Freud emploie une bizarre formulation pour décrire la réaction de Katharina à la première tentative de séduction de son père alors qu'elle avait quatorze ans : " La manière dont elle s'était défendue semble prouver qu'elle ne s'était pas rendu compte qu'il s'agissait de tentatives sexuelles." (9) Veut-il dire que, dans le cas contraire, elle aurait cédé ? Et faut-il voir là une annonce de ce qu'il affirmera plus tard à propos de Dora résistant à Monsieur K. qui la coinçait entre deux portes : " Je tiens sans hésiter pour hystérique toute personne chez laquelle une occasion d'excitation sexuelle provoque surtout ou exclusivement du dégoût..."?(10) Quid alors de celles qui ne sont pas hystériques ? Voilà qui laisse à conjecturer sur la représentation du désir féminin que se fait l'inventeur de la psychanalyse...

Toujours est-il que la description du cas est beaucoup plus enveloppée dans les autres observations. Ainsi la première, celle d'Anna O. / Bertha Pappenheim, qui commence du reste de manière plutôt frustrante pour notre propos. Breuer - puisque c'est lui l'auteur de cette première étude - écrit, dès la première page : " L'élément sexuel était chez elle étonnamment peu marqué. Je ne tardai pas à connaître tous les détails de son existence et cela à un degré rarement atteint dans les relations humaines. La malade n'avait jamais eu de relations amoureuses "(à 21 ans) "et, parmi ses multiples hallucinations, jamais cet élément de la vie psychique ne se manifestait." Premier exemple où il paraît, à première vue, que le sexuel en cet ouvrage n'est pas, en quelque sorte le même que le nôtre, après un siècle de psychanalyse puisqu'on apprend dans les lignes suivantes qu'Anna menait dans "sa puritaine famille une existence des plus monotones"(11) existence que, selon Breuer, elle aggravait encore en passant le plus clair - ou le plus clair-obscur de son temps - dans des rêveries diurnes qu'elle appelait son "théâtre privé" et sur lesquelles nous aurons plus tard, lorsqu'elle aura établi ce qu'elle nomma sa "talking cure", quelques précisions. Ainsi livrait-elle à son médecin - et à lui uniquement après s'être assurée de son identité en lui tâtant soigneusement les mains -, et sous hypnose, des "récits toujours tristes, (qui) contenaient de fort jolis passages et rappelaient le *Livre d'images sans images d'Andersen*", récits portant généralement sur le cas d'une jeune fille angoissée au chevet d'un malade. Il fallait que le travail fût fait à fond pour que la malade trouve le calme, et qu'elle fût débarrassée de la réserve de fantasmes accumulés entre deux visites de son médecin. Une sorte de ramonage fantasmatique d'où vint l'expression de "chimney sweeping" , auquel elle consacrait une énergie considérable, travail suivi d'un apaisement qui lui permettait parfois de trouver le sommeil. Un scenario évidemment pour nous substitutif et par lequel la sexualité trouvait en tout cas à se métaphoriser. Même si Breuer ne le discernait guère, l'on n'a pas besoin de la fausse histoire de la grossesse nerveuse d'Anna en fin de cure - du moins, la fin de cure rapportée ici - pour comprendre qu'il ait pris la fuite.

L'actualité des publications psychanalytiques ou du moins *sur* la psychanalyse oblige à s' arrêter un instant à cet épisode, et ce d'autant plus que le jour d'aujourd'hui est une commémoration. Le fait que des inexactitudes l'infiltrent n'est pas une nouveauté et l'on ne peut contester que la fin de l'observation de Breuer, aussi abrupte que difficilement vraisemblable, puis les récits ultérieurs de Freud, dont certains repris par Jones, devaient attirer l'attention, du moins celle des esprits chez lesquels la crédulité pseudo-religieuse ne l'emporte pas sur une appréciation plus libre des faits. Parmi les réflexions qui se sont exprimées à ce sujet, et à propos desquelles on ne saurait manquer de citer Henri Ellenberger et Albrecht Hirschmüller,(12) on peut signaler celle de Jacques Trilling qui, justement dans une recension du livre de Hirschmüller parue en 1992 dans la revue Psychanalystes attirait l'attention sur le flou, l'imprécision, qui entourent communément le roman des origines, individuel ou commun à un groupe quel qu'il soit.(13) Evidemment, il était loin des tambourinades haineuses retentissant dans le petit livre récent de Mikkel Borch-Jacobsen, et dont l'écho résonne complaisamment dans la presse quotidienne, sous la plume d'un chroniqueur de la psychanalyse connu pour être, dans ce domaine, à l'affût du sang à la une...

Revenons aux *Etudes*. Comment du reste Breuer se serait-il aventuré à voir du sexuel chez cette pure jeune fille, lui qui, tout en admettant que le lit conjugal était en même temps celui des névroses, résistait tant qu'il pouvait, et malgré ses propres observations, aux vues de Freud, jusqu'à déclarer à celui-ci quelque temps après la parution des *Etudes*, sortant d' une conférence de son jeune ami au Doktorenkollegium, laquelle portait sur l'étiologie sexuelle des névroses et tout en le félicitant : "Et malgré tout, je n'y crois pas du tout !" (14) Mais il faut s'attarder un instant sur la *temporalité* du "cas" Anna O , lequel n'aurait évidemment jamais vu le jour sans Freud. En effet, l'observation de Breuer est établie d'après des notes prises en 1882, lors du traitement de la malade. A ce moment, et dans la chaleur de la relation entre les deux hommes, Breuer en parle à Freud qui, après avoir raconté l'histoire à sa fiancée Martha - laquelle était d'ailleurs une amie de Bertha/ Anna - et tout en commentant l'état d'enchantement où était Breuer à l'égard de sa patiente. Freud donc garde l'affaire en mémoire et l'expose à Charcot en 1885, lors de son séjour à Paris. Celui-ci n'en fait pas grand cas mais Freud la conserve plus ou moins présente à l'esprit et presse Breuer vers 1890 de rédiger l'observation d'après les notes prises auparavant. Breuer, comme en témoignent les lettres de Freud, à Fliess cette fois, se fait prier puis finit par passer à l'acte, non sans regrets ultérieurs. Histoire compliquée, étalée dans le temps, où l'on peut entrevoir :

- d'une part un processus assez semblable dans son déroulement chronologique, avec ses temps forts et ses moments de latence, à ce qui caractérisera, selon les auteurs eux-mêmes, la pathogénie hystérique. L'histoire d'Anna O., serait ainsi une réminiscence dont souffre Breuer et dont Freud l'exhorte à se traiter par la catharsis de l'écriture.

- d'autre part, mais cela, on l'a déjà dit et redit, tous les pièges du transfert et du contre-transfert, lesquels n'étaient pas eux-mêmes une nouveauté puisque l'on connaissait depuis longtemps dans les médecines de l'âme l'importance de ce qu'on appelait le "rapport" médecin malade.

Toujours est-il, et pour en revenir au texte de Breuer, que, s'il ne l'a pas désigné, lui, nous pouvons, nous, instruits par les développements ultérieurs de la psychanalyse, mettre du moins au compte de la sexualité d'Anna O. le complexe d'Oedipe qui, à n'en pas douter, la préservait justement des relations amoureuses. "Elle aimait passionnément son père" est-il dit et, comme on le sait, sa maladie se développe autour justement de celle de ce père adoré qu'elle soigne avec acharnement, elle va empirer au moment de la mort de celui-ci, mort qu'on lui dissimulera (Avril 81). D'autre part, et comme John Forrester et Laura Appignanesi le signalent, Breuer avait lui-même, dans les notes prises au cours du traitement d'Anna, en 1882, mis en rapport cet attachement avec l'absence de relations amoureuses présentées plus tard comme un témoignage "d'a-sexualité ". Ainsi écrit-il dans ce texte dont Freud n'a pas eu connaissance : " En tout cas, elle n'a jamais été amoureuse au point que cela remplace sa relation avec son père; cela a plutôt été remplacé par cette relation." (15) Rien d'étonnant donc quant aux thèmes qui se jouent sur le "théâtre privé" d'Anna, pas besoin de faire appel à Andersen pour les justifier, et tentant pour nous de relier ses récits au fantasme de sauvetage que, plus tard, Freud étudiera. Quant à l'oubli de la langue maternelle, si mystérieux dans le tableau clinique, n'est-il pas à ranger dans les sentiments négatifs qui devaient agiter Anna vis-à-vis d'une mère que, dans la circonstance, son désir le plus cher était vraisemblablement d'évincer ? Facile pour nous, disais-je. Moins facile évidemment pour les pionniers d'alors. Et puis, décidément, nous ne "lisons" pas la sexualité à leur façon : pour eux, à ce moment, le sexuel est ce qui s'agit dans le coït et ses approches immédiates. Il faudra la plongée de Freud dans la sexualité infantile (fort peu de temps après, du reste puisque cette formidable extension du domaine psychanalytique trouve place en 1896, dans sa conférence sur l'étiologie de l'hystérie) , puis, en 1897, son détachement de la théorie de la séduction réelle au cours de son autoanalyse pour que s'ouvre la voie psychanalytique à la symbolisation de la sexualité que l'on voit pourtant déjà en cours dans les Etudes. (voir par exemple p. 144 de l'op. cité)

Ebauches encore. Mais, s'agissant de ce qui deviendra le complexe d'Oedipe, Anna O., dans ces études n'est pas seule à témoigner de ses manifestations. Chez Madame Emmy von N., à vrai dire, et si l'on ne veut pas mettre l'accent sur son mariage avec un homme beaucoup plus âgé qu'elle, lequel meurt après deux ans de mariage, des indices légers parsèment le texte quant à sa relation avec sa mère. Là aussi, maladie et mort (que de malades et de morts dans ces histoires ! Emmy von N. est un des 4 enfants survivants d'une fratrie de 14...) que Freud évoque par exemple de la façon suivante : "Elle, poursuivant l'énumération de ses souvenirs terrifiants, raconte comment, à l'âge de 15 ans, elle découvrit sa mère gisant sur le sol après une attaque. La pauvre femme survécut quatre ans, mais notre patiente, alors âgée de 19 ans, trouva un jour en rentrant à la maison, sa mère morte et défigurée. Atténuer l'action de cette sorte de souvenirs est naturellement chose bien... malaisée; après une analyse plus poussée, je certifie à la malade qu'elle reverra cette scène mais d'une façon moins vague, moins virulente. Elle raconte encore comment, à l'âge de 19 ans, elle avait trouvé un crapaud en soulevant une pierre, ce qui lui avait enlevé pour plusieurs heures l'usage de la parole." (On remarquera que c'est encore la langue maternelle qui "trinque") A cet endroit, dand les Etudes, une petite note de Freud, grosse de développements : "Un symbolisme particulier que je n'ai malheureusement pas essayé de découvrir doit s'être attaché à ce crapaud".(16) La mère crapaud...Une figure qu'on retrouvera plus souvent qu'à son tour.

Mais, et dans la mesure où ce n'est pas ici le lieu de relever systématiquement, dans chacun des cas, les occurences oedipiennes, choisissons de nous attarder un instant sur Elisabeth von R. chez laquelle les choses se précisent et s'étoffent. Elles sont exactement marquées dans le corps d'abord : Elisabeth souffre d'une douleur violente à la cuisse droite. " C'était justement l'endroit où, chaque matin, son père posait sa jambe très enflée, lorsqu'elle en changeait les bandages".(17) Encore un père malade, encore une fille infirmière affectionnée. Ce symptôme était apparu " à un moment où il y avait conflit entre ses devoirs de garde-malade et le contenu à cette même époque de ses désirs érotiques" écrit Freud, (p. 131), sans que l'on sache très bien, du coup, si les désirs érotiques s'adressaient, selon la logique de l'histoire, au beau-frère, ou, selon la sollicitation de la situation, au père. En tout cas ce symtôme entre encore une fois dans le contexte d'un attachement passionné au père, favorisé selon Freud par une relation plus distante avec la mère, celle-ci souffrant d'une affection oculaire chronique. Mais nous n'en restons pas à ces traits schématiques et les commentaires de Freud valent d'être cités, même un peu longuement : le père était un "homme enjoué, aimant profiter de la vie, qui avait accoutumé de dire que pour lui, Elisabeth (la cadette de ses trois filles) remplaçait un fils et ami avec qui il pouvait échanger des idées. Bien qu'elle eût beaucoup gagné, au point de vue intellectuel, dans ces relations, le père comprenait que la forme d'esprit de sa fille n'était pas celle que l'on aime trouver chez une jeune personne; par plaisanterie, il la qualifiait d'impertinente et d'ergoteuse, la mettait en garde contre des jugements trop catégoriques et une franchise trop brutale et répétait souvent qu'elle trouverait difficilement un mari. En fait, elle était elle-même très mécontente de sa féminité, forgeait quantité de plans ambitieux, voulait faire des études ou devenir musicienne, s'insurgeait contre l'idée de devoir sacrifier dans quelque mariage, ses inclinations et la liberté de son jugement. En attendant, elle était fière de son père, etc.... Elle s'effaçait, à l'occasion, devant sa mère et ses aînées, atténuant ainsi pour elles les aspérités de son caractère. " (18) Sans doute savait-elle qu'elle tenait, si l'on peut dire, le bon bout. Du moins qu'elle le tenait par l'intermédiaire de son père. Lui mort, et après un temps de latence de deux ans, sa maladie "hystérique" commence. Elle souffre de sa solitude et, dans son effort pour établir une nouvelle vie familiale, elle ressent douloureusement, dit Freud le "sentiment de son "impuissance", son impression de ne "pouvoir avancer". D'où, par une opération de symbolisation, l'astasie-abasie, un des symptômes qui affectait E. von N. .

Ce sont évidemment là des lignes qui, projetées sur l'avenir de Freud lui-même, se doublent de reflets en quelque sorte prémonitoires. Anna (Freud) nait tout juste mais son avenir semble déjà prendre forme. Non sans que Freud ait à revoir plus tard dans la douleur quelques unes de ses formulations, en particulier celle selon laquelle il y a lieu de croire que le rôle d'infirmière entre pour une part importante dans la genèse des hystéries...

Mais revenons sur le portrait d'Elisabeth von R, alias Ilona Weiss. Très attirante, cette jeune fille, séduisante, comme certaines de ces premières patientes, par la vivacité de son intellignece et son caratère affirmé. Pourtant non conforme à ce qu'on attendrait d'une personne de son sexe. Freud y insiste dans son "Analyse critique" : "J'ai dépeint le caractère de la malade, certains indices fréquents chez tant d'hystériques et qu'on ne saurait réellement mettre au compte de la dégénérescence, les dons, l'ambition, la délicatesse morale, le besoin excessif d'être aimée et d'aimer qui trouve en premier lieu satisfaction au sein de la famille" (nous avons vu comment) " l'indépendance de sa nature outrepassant chez elle l'idéal féminin et se traduisant, pour une bonne part, par de la ténacité, de la combativité, et une extrême réserve. " (19) L'"idéal féminin", nous y voilà. Proche effectivement de celui que Freud voyait en Martha et auquel il désirait qu'elle se conforme si l'on en croit la correspondance entre les fiancés, et, par exemple ce passage d'une des lettres de Freud à Martha, du 23 Octobre 1883 : " Je sais après tout combien tu es douce, comment tu peux transformer une maison en un paradis, comment tu partageras mes intérêts, combien tu seras joyeuse et attentionnée. Je te laisserai gouverner la maison à ta guise et tu me récompenseras par ton doux amour et en t'élevant au-dessus de toutes les petites faiblesse pour lesquelles les femmes sont si souvent méprisées."(20)

Curieuse ambiguité chez Freud : l'idéal féminin est bien celui de la femme dite d'intérieur, la femme privée, privée du public,(21) surtout s'il s'agit pour elle de former un couple, un couple avec lui. Mais ce n'est pas en cela, on le sait bien, qu'il constituerait un spécimen étrange : on pourrait rapprocher de cette correspondance, parmi bien d'autres écrits du temps, la célèbre lettre de Gustav Mahler à Alma quelque temps avant leur mariage, lettre où celui-ci enjoignait à sa fiancée de n'espérer point être compositeur elle aussi et où il lui prescrivait exactement le rôle qu'elle aurait à jouer : se consacrer à lui. Sans doute Freud partageait-il avec Mahler et bien d'autres cette attitude de protestation virile contre la menace contemporaine à l'identité sexuée que Jacques Le Rider a fort bien décrite dans son livre *Modernité viennoise et Crises de l'identité.*(22) Non, ce qui est particulier à Freud - mais sans doute faudrait-il y regarder de plus près - c'est, en même temps que les traits précédents, la séduction exercée sur lui par des femmes qui se situaient à l'opposé de "l"idéal féminin" et de sa propre épouse (du moins de ce qu'elle est apparue dans son couple avec Sigmund). La liste est longue de celles qui l'ont entouré pour des raisons tant amicales que professionnelles - raisons mêlées le plus souvent, et souvent , on peut s'en douter, au détriment de la psychanalyse - au premier rang desquelles on pourrait citer évidemment Lou Andreas Salomé, la Princesse Marie Bonaparte, etc., etc. Les compreneuses mais aussi les discoureuses, celles qui, même si elles avaient été liées d'une façon ou d'une autre à des hommes remarquables, avaient su trouver leur propre notoriété, et qui d'ailleurs la revendiquaient. Finalement, ses premières patientes avec extension à Anna O. se situent en général de ce côté-là, comme en témoignent, non seulement les notations de Breuer et Freud sur le caratère de ces dames et demoiselles, mais le destin qu'on leur connait grâce aux études des historiens, Henri Ellenberger qui, le premier s'en est préoccupé à ma connaissance, puis John Forrester et Lisa Appignanesi qui ont entrepris des recherches systématiques. Au-delà des esquisses biographiques et des anecdotes parfois piquantes, une constatation générale : c'étaient des femmes fortes dont la présence dans une famille certes, n'était guère vue comme une bénédiction et qui ne comprenaient que trop bien, consciemment ou non, comment tenir leur monde par la puissance de la maladie dénommée hystérique. Mais elles avaient du caractère, de la ténacité et, en particulier s'agissant de Bertha Pappenheim, Anna O., elles savaient trouver ou créer des causes intéressantes pour lesquelles lutter, telles le JFB, le Jüdischer Frauenbund, auquel cette dernière consacra le plus clair de sa grande activité jusque dans les années trente (elle mourut en 36). Elle s'était longtemps occupée d'enfants orphelins. Cette fois, il s'agissait de revendiquer pour les femmes un sort qui paraisse plus juste. Henri Ellenberger termine son étude sur l'Histoire d'Anna O. dans son livre *Médecines de l'âme* qui vient de paraître, un recueil d'articles présentés par Elisabeth Roudinesco, sur ces mots : " La maladie d'Anna O. fut en grande partie le fruit d'une lutte désespérée d'une jeune femme frustrée qui ne pouvait extérioriser ses énergies physiques et mentales ni satisfaire un idéal élevé" (Nous ne sommes point dans "l'idéal féminin" évoqué plus haut) ". Il est réellement admirable que la patiente ait pu traverser des épreuves pareilles et réussir plus tard à sublimer sa personnalité de telle sorte qu'elle devint une des grandes militantes des droits de la femme et l'une des fondatrices du travail social" (23). Un registre que l'on ne saurait confondre avec celui de Freud. Mais revenons à celui-là, justement.

Alors ? Des femmes phalliques ? Tourmentées par l'envie du pénis ? On ne rencontre point de "pénis" ou d'"envie du pénis" dans les Etudes, encore moins de phallus ou de revendication phallique, à moins, bien entendu qu'on ne les repère dans le serpent noir qu'hallucinait Anna O. ou dans l'organe dont la jeune cantatrice Fraulein Rosalie H. aurait dû "avoir la libre disposition" (24). Ou qu'on n'examine de plus près l' "impuissance " dont Elisabeth von N. était affectée. En revanche, l'apparition d'une des "paires contrastées" qui devaient marquer tout au long l'oeuvre freudienne : activité/ passivité. Mais avec des notations ponctuelles caractérisant ces femmes et la vie qu'elles mènent, du moins au moment de leur maladie, l'inactivité, la monotonie des travaux ménagers (dans des milieux pourtant très à l'aise financièrement), l'impuissance à réaliser leurs désirs d'instruction, la difficulté à choisir leurs partenaires amoureux. En contraste, l'activité dont la méthode psychanalytique, peu à peu mise au point par Freud leur donnera l'occasion, activité qu'elles réclameront elles-mêmes et que Freud, non seulement leur reconnaitra mais à laquelle il les assignera : " En fournissant (au malade) des explications, en lui révêlant le monde merveilleux des processus psychiques que de semblables analyses nous ont, nous-mêmes, permis de connaître, nous transformerons notre patient en collaborateur et l'amènerons à s'étudier lui-même avec l'intérêt objectif propre au chercheur." (25) Il est vrai que le malade est passé dans ces lignes au genre masculin. Tout de même, ce sont les femmes qui ont appris cela à Freud, qui le lui ont réclamé. Rien d'étonnant s'il appelle Frau Cäcilie - l'éminence grise des ces Etudes en quelque sorte, dont il ne publia pas l'observation pour des raisons de discrétion - son professeur, sa "Lehrmeisterin", Frau Cäcilie qui l'accompagna d'ailleurs à Nancy chez Bernheim.

Si bien qu'on dirait, rassemblant ces quelques données, qu'à l'époque, Freud est encore peut-être partagé quant à ses vues sur la sexualité féminine. Cependant, il faut bien remarquer que les femmes qui lui apprennent tant, lui permettent de trouver en elles de quoi élaborer la méthode psychanalytique, ces femmes sont des malades, des "hystériques" ou ce qu'on nommait ainsi. Porteuses donc, sous leur élan réprimé, sous leurs aspirations étouffées, de ces "petites faiblesses" dont il voulait Martha indemne. Tout de même, une question s'impose là, classique, certes, mais inépuisable : cette "maladie", ces faiblesses qui en sont les facteurs, sont-elles des marques structurales du sexe? Sont-elles au contraire un résultat de déterminants extérieurs politico-socio-économiques ? Pour Freud, la réponse est positive au premier terme de l'alternative. Non qu'il n'ait considéré l'énorme poids dont la civilisation écrase les humains, non, et bien au contraire, qu'il ait sous-estimé les effets des "renoncements" - un mot clé chez lui - qu'elle leur impose, tant aux hommes qu'aux femmes. Mais la mise en place du pivot/penis, autour duquel se construira petit à petit, et très rapidement en somme la théorie de la sexualité - à travers les théories infantiles de la sexualité - puisque les *Trois essais* datent de dix ans plus tard, cette référence dont l'importance ne se démentira plus et se confirmera même dans les développements ultérieurs, ce geste donc n'est pas encore accompli par lui, qui justifiera la division de l'humanité en deux catégories inégales en même temps que différentes, que la grammaire suffit à caractériser : affirmatif et négatif associés au masculin et au féminin, ceux qui l'ont, celles qui ne l'ont pas. On n'avait pas attendu Freud pour cela, certes, et Thomas Laqueur raconte tout au long dans son livre *La Fabrique du Sexe*, l'histoire compliquée de cette différence, histoire dans laquelle les dés sont toujours pipés puisque le sexe, même anatomiquement et physiologiquement exploré, est constamment vu selon les critères environnants retenus pour le genre et que le modèle du genre est le genre masculin. (26) Mais il est vrai que la théorie freudienne de la sexualité, prolongée dans la théorie lacanienne, même si celle-ci semble faire de la castration le lot commun, puis les élaborations psychanalytiques en général, donnent un tour plus serré ou une plate-forme logistique plus solide à cette division en "qui l'ont" et "qui ne l'ont pas".

Revenant encore une fois aux Etudes, et retrouvant les notions avancées de passif et d'actif, nous disions donc que les patientes l'avaient été, actives, et que Freud s'en était félicité. Or, compte-tenu de ce que je viens de noter quant à l'absence apparente de pénis dans ces pages, on ne peut manquer de souligner que la notion de pénétration, avec l'activité qui s'y attache, y est constamment présente. Les femmes la redoutent : nous avons remarqué au passage la "peur virginale" de Katharina. Quant à Madame Emmy von N. elle est littéralement obsédée par l'idée que quelqu'un pourrait faire irruption, l' "empoigner" comme le faisait son frère dans les accès de violence morphinomaniaque dont il était coutumier (que de toxicomanes aussi dans ces pages...), l'atteindre comme les bêtes mortes que frères et soeurs lui lançaient à la tête dans son enfance. " Ne me touchez pas" est son refrain - on pense à Mélisande - et Freud efface ces souvenirs - sans utiliser l'hypnose d'ailleurs, de façon systématique : celui "d'un ami qui aimait à s'introduire en catimini dans la pièce et à se dresser brusquement devant elle" (27); d'un fou qui, dans un hôtel de ville d'eaux, pénétra plusieurs fois dans sa chambre et s'avança jusqu'à son lit; d'un étranger qui, dans un train, ouvre quatre fois la portière de son compartiment en la dévisageant. Dans les rêves, les animaux prennent la relève, un véritable bestiaire menaçant, serpents - encore -, monstre à tête de vautour qui la becquète et autres bêtes sauvages. Souris et - encore - crapaud à l'état de veille. Une peur de la pénétration qui, cette fois, n'est pas virginale puisqu'il s'agit d'une veuve mère de deux enfants. Un désir peut-être aussi de la pénétration. Apparemment, Emmy von N. ne pense qu'à ça. Il faut bien dire qu'à lire les pages des *Etudes*, on a l'impression que Freud n'éprouve rien de plus pressé que de le satisfaire, ce désir, en usant, lui, sans retenue évidente, de la pénétration, au sens figuré s'entend. Les emplois du mot lui-même sont nombreux au fil des lignes, certains passages fort évocateurs, (p. 216 par exemple), la "pression" exercée par Freud amène à comparaison (p. 230) et il n'est pas besoin d'arriver au terme du chapître sur la "Psychothérapie de l'Hystérie" pour prévoir la comparaison que l'auteur y emploie : " J'ai souvent mentalement comparé la psychothérapie cathartique aux interventions chirurgicales et je qualifie les cures d'*opérations psychothérapiques* - en italique dans le texte - en les comparant à l'ouverture d'une cavité pleine de pus, au grattage d'une carie, etc. " (p. 247) Pourtant, et malgré la pertinence des observations de certains auteurs actuels, tels Monique Schneider, sur ce thème, malgré aussi les confirmations à cette attitude freudienne qu'on trouvera dans des récits ultérieurs, comme *Dora* ou *L'Homme aux Loups*, il me semble qu'il faut nuancer, dialectiser, si l'on veut. D'abord, il est nécessaire de relativiser historiquement : compte tenu de ce que nous avons vu plus haut de la participation active des patientes à la cure, celle-ci apparaît, telle qu'elle se dégage en particulier dans le chapître Psychothérapie de l'hystérie, parmi les pratiques médicales du temps, et justement aussi parce qu'elle abandonne l'hypnose, elle apparaît donc plus comme un premier état, certes imparfait, de la situation psychanalytique - mais on sait qu'il s'agira d'une continuelle approximation - à laquelle participe la neutralité bienveillante, que comme une intrusion inadmissible. Dès ce moment, Freud lui-même, malgré son élan, son ardeur à la découverte, ne manque pas de mettre en travail le rapport médecin-malade. Ainsi écrit-il, à propos de Madame Emmy vcn N. : " Sa nature récalcitrante qui se cabrait, à l'état de veille, comme pendant l' hypnose, devant toute contrainte, s'était irritée de me voir considérer son récit comme terminé et d'avoir interrompu ce dernier par ma suggestion concluante. J'ai eu bien d'autres preuves du fait que dans son conscient hypnotique, elle contrôlait mon travail. Sans doute désirait-elle me reprocher mon interruption de ce jour-là... Ce fut une remarque de sa part qui m'éclaira sur ma bévue." (28) Simple exemple des escarmouches qui parsèment ces récits et d'où se dégageront des notions comme celles du transfert et de la résistance, cette dernière déjà présente en toutes lettres dans ces pages, notions essentielles à la théorie et à la pratiques analytiques. Certes, on se rappellera que, dans des articles ultérieurs de Freud sur le transfert, le couple thérapeutique, hérité du XIXème siècle en particulier, se constitue d'un médecin homme et d'une patiente femme. C'est tout spécialement par rapport à elle qu'il faut garder ses distances si l'on veut que la cure puisse s'instaurer, c'est elle dont le psychanalyste est censé préserver la capacité d'amour en n'acceptant pas comme adressée à lui, la passion qui circule dans la situation. Outre la nécessité de prévenir les "jeunes collègues" des écueils de la méthode, on peut penser que le souvenir des premières cures que racontent les Etudes, et des pièges que Freud y avait entrevus, tant pour lui que pour Breuer, jouaient comme des déterminants. Quant à l'efficacité de ces mises en garde, la suite de l'histoire psychanalytique a montré à l'envi qu'elle se révélait toujours insuffisante.

En poursuivant cette recherche des indices, à laquelle je me suis livrée dans ces quelques pages, on pourrait assurément en trouver d'autres. Je me bornerai aujourd'hui à ceux-là qui sont les plus apparents, indiscutables en somme. La théorie de la sexualité féminine avec et après Freud n'y est certes pas tout entière exposée. On en devine pourtant les grandes lignes, avec les hésitations que j'ai signalées et qu'il faudrait relier - mais je ne veux pas non plus me lancer dans des interprétations sur Freud qui risqueraient de le "pénétrer" comme on regrette parfois qu'il ait "pénétré" ses patientes et patients - relier donc à ce qu'il a dit lui-même sur l'appréhension qu'il éprouvait à accepter le féminin en lui, sur sa difficulté plus tard clairement reconnue à se trouver l'objet d'un transfert maternel.

Je ne peux pas terminer cependant sans deux ou trois remarques :

- d'abord, et malgré l'importance des femmes dans le livre dont nous célébrons aujourd'hui le centenaire, la sexualité féminine n'en est pas le principal objet, sinon à travers la maladie hystérique. A coup sûr, cela marquera les élaborations ultérieures. Mais le principal résultat de ces Etudes - en tout cas à mes yeux - c'est la mise au point des fondations de la situation psychanalytique. J'ai eu l'occasion d'assurer, à plusieurs reprises combien cet aspect des choses était pour moi essentiel et comment il constituait le plus important de la découverte freudienne. Freud apprenti de la dite situation, voilà comment il apparaît là, et c'est dans le contexte de cette situation que lui viennent des notions évidemment capitales comme le refoulement, la résistance. C'est aussi ce dispositif qui permettra de passer par exemple de l'idée de double personnalité, avec ses résonances pathologiques, à celle d'un appareil de l'âme à différents niveaux - Freud parle par exemple d'une "intelligence inconsciente" - dont d'ailleurs la systématisation évoluera. Bref, c'est le creuset où s'élaborera la cuisine de la sorcière métapsychologique.

- Freud apprenti. Il nous a légué cet apprentissage que nous reprenons, chacun à notre compte en tant que psychanalystes et que nous poursuivons. Non sans bévues, comme il en a commis. Non sans que le désir de tordre les faits à notre avantage ne nous travaille, comme tout un chacun. Non sans besoin de modifier des points théoriques englués dans une adhésion hagiographique - et en particulier quant à la sexualité féminine d'où l'intérêt d'une mise en perspective historique - mais aussi non sans éprouver la nécessité de dissiper des visions de la psychanalyse établies uniquement sur la foi des premiers travaux freudiens et de l'exploitation qui a suivi. Ainsi de l'idée de la psychanalyse fondée exclusivement sur la remémoration claire des réminiscences dont souffrent entre autres les hystériques. De celle qui voudrait que le déchiffrement d'un texte latent suffise à permettre l'accession d'un sujet à sa vérité. De la recherche d'une scène "efficiente traumatiquement" qui constituerait une clé de la névrose. C'est là une sorte de paradis perdu de la psychanalyse où flottent encore des esprits pourtant avertis.

- Freud apprenti. Un apprenti plein d'insolence, tel qu'il apparaît dans sa conférence "*Sur l'étiologie de l'Hystérie*", un an plus tard. Quelqu'un pourtant dont l'expérience, en 1895 déjà, semblait avoir fait travailler le fantasme de toute-puissance thérapeutique si l'on se rapporte au paragraphe qui clôture les Etudes, et où peut se lire la formule devenue fameuse : s'adressant à un interlocuteur-malade imaginaire qui lui objecte que, si l'on admet que les difficultés d'un être sont en rapport avec les circonstances de sa vie, on ne peut guère l'aider puisqu'on ne saurait les modifier, (chacun sait combien cette remarque est toujours d'actualité, venant du divan) Freud répond : "... Vous trouverez grand avantage, en cas de réussite, à transformer votre misère hystérique en malheur banal. Avec un psychisme redevenu sain vous serez plus capables de lutter contre ce dernier." Ce n'est pas le Pérou. Ni Byzance. Ni Cythère. Encore en trouve-t-on dont la vie est ainsi transformée.

Notes

1. Henri Ellenberger, *Histoire de la découverte de l'inconscient*, Paris, Fayard, 1994. Voir aussi, du même auteur : Médecines de l'âme. *Histoire de la folie et des guérisons psychiques*, Paris, Fayard, 1995.

2. Sigmund Freud, *Etudes sur l'hystérie*, Paris, PUF, 1956 pr la trad. franç..

3. Ernest Jones, *La vie et l'oeuvre de Sigmund Freud*, Paris, PUF, 1958 pr la trad. franç., vol. 1, p. 216.

4. Sigmund Freud, *Oeuvres complètes*, Paris, 1989, PUF, vol. III, p. 32, 33.

5. Sigmund Freud, op. cité, p. 76.

6. Sigmund Freud, op. cité, p. 78.

7. Sigmund Freud, op. cité, p. 232.

8. Sigmund Freud, *Etudes sur l'hystérie*, op. cité, p. 104.

9. Sigmund Freud, *Etudes sur l'hystérie*, op. cité, p. 102.

10. Sigmund Freud, Fragment d'une analyse d'hystérique, in *Cinq psychanalyses*, Paris, PUF, 1954 pr la trad. franç., p. 18.

11. Sigmund Freud, *Etudes sur l'hystérie*, op. cité, p. 15.

12. Henri Ellenberger, *Médecines de l'âme*, Albrecht Hirschmüller, *Joseph Breuer*, Paris, 1991 pour la trad. franç.

13. Jacques Trilling : *Joseph Breuer, par Albrecht Hirschmüller*, in la revue Psychanalystes, n° 42.

14. Ernest Jones, op. cité, p. 180.

15. John Forrester et Laura Appignanesi, *Freud's women*, Londres, Virago Press, 1993, p. 83.

16. Sigmund Freud, *Etudes sur l'hystérie*, op. cité, p. 41.

17. Sigmund Freud, op. cité, p. 117.

18. Sigmund Freud, op. cité, p. 110.

19. Sigmund Freud, op. cité, p. 128.

20. John Forrester et Laura Appignanesi, op. cité, p. 33, ma trad.

21. Voir sur ces notions les travaux de Geneviève Fraisse et, en particulier *Muse de la raison*, Paris, Alinéa, 1989.

22. Jacques Le Rider, *Modernité viennoise et crises de l'identité*, Paris, PUF 1990.

23. Henri Ellenberger, *Médecines de l'âme*, op. cité, p. 367.

24. Sigmund Freud, *Etudes sur l'hystérie*, op. cité, p. 136.

25. Sigmund Freud, *Etudes sur l'hystérie*, op. cité, p. 228.

26. Thomas Laqueur, *La fabrique du sexe. Essai sur le corps et le genre en Occident*, Paris, Gallimard,1990N.

27. Sigmund Freud, *Etudes sur l'hystérie*, op. cité, p. 44.

28. Sigmund Freud, *Etudes sur l'hystérie*, op. cité, p. 47.

De “l’hystérie” - de Freud

René Major

Surtout, ne pas oublier les guillemets. Il ne faudra pas oublier les guillemets. D’ailleurs, je vous le rappellerai. Il le faudra. Ne pas oublier les guillemets qui entourent l’hystérie de Freud, c’est-à-dire l’hystérie au temps *de* Freud, telle qu’elle est vue par Freud à la fin du siècle dernier, par rapport à l’hystérie de Charcot ou à celle de Breuer, par exemple, mais aussi bien les réminiscences dont aurait pu souffrir Freud à l’occasion. L’occasion en est fournie ici notamment par les circonstances étonnantes qui entourent la naissance de la psychanalyse, par la question troublante de savoir à qui en revient la paternité, dans la suite inattendue et surprenante de la méthode cathartique, dans son contretemps inaugural illustré de façon magistrale par le cas d’Anna O. qui ouvre le recueil des célèbres *Etudes sur l’hystérie* (1).

Freud lui-même n’oublie pas les guillemets - mais il les déplace - lorsque, trente ans plus tard, en écrivant sa *Selbstdarstellung* (2), il reconstitue l’événement :

> De retour à Vienne [Freud s’était tenu informé avant son départ pour Paris du cas d’Anna O. que Breuer avait traité de 1880 à 1882] je m’intéressai à nouveau à l’observation de Breuer et m’en fis rendre compte de manière plus complète. La patiente était une jeune fille exceptionnellement douée et cultivée qui était tombée malade alors qu’elle soignait un père tendrement aimé : lorsque Breuer la prit en charge, elle présentait un tableau hétéroclite de paralysies avec contractures, d’inhibitions et d’états de confusion psychique. Une observation fortuite permit au médecin de s’apercevoir qu’elle pouvait être libérée d’un tel trouble de sa conscience lorsqu’on l’amenait à exprimer par des paroles le fantasme affectif auquel elle était justement en proie. Breuer tira de cette expérience une méthode de traite-

ment [...] Il en ressortit que tous ses symptômes remontaient à des expériences qui l'avaient marquée pendant qu'elle soignait son père malade, qu'ils avaient donc un sens et correspondaient à des vestiges ou des réminiscences de ces situations affectives (3).

Conscient de l'importance de la découverte de Breuer, intrigué par les réticences de son ami à communiquer son observation et ses résultats qui pouvaient enrichir la science, Freud nous intrigue à son tour. Après avoir réussi à convaincre Breuer de faire paraître en 1893 une communication provisoire "Les mécanismes psychiques des phénomènes hystériques" puis en 1895 les *Etudes sur l'hystérie*, Freud, qui a pourtant largement participé par l'apport de plusieurs cas et par un essai théorique à la rédaction de cet ouvrage, nous dit :

Si la présentation que j'ai faite jusqu'ici a suscité chez le lecteur l'attente que les Etudes sur l'hystérie sont, sur tous les points essentiels de leur contenu factuel, la propriété spirituelle de Breuer, eh bien, c'est exactement le point de vue que j'ai toujours défendu et que je voulais cette fois encore exprimer (4).

Toutefois, même si la malade avait pu paraître, sinon "guérie", du moins améliorée, et sembla disposer par la suite d'une assez bonne santé - on sait que Bertha Pappenheim, puisque telle est son identité, devint une des grandes militantes des droits de la femme et l'une des fondatrices du travail social - un étrange mystère persistait sur la fin de son traitement :

Sur le dénouement du traitement hypnotique [Freud ici ne dit pas "cathartique"] régnait une obscurité que Breuer ne dissipa jamais pour moi, pas plus que je ne comprenais pourquoi il avait tenu si longtemps secrète sa découverte qui me paraissait inestimable (5).

Et plus loin :

Lorsque le travail cathartique avait paru terminé, il s'était brusquement déclenché chez la jeune fille un état d'"amour de transfert" ("amour de transfert" est entre guillemets dans le texte) que Breuer ne rapportait plus à son être-malade, de sorte qu'il s'était éloigné d'elle avec effarement. Il lui était manifestement pénible qu'on lui rappelât cet *Anscheinende Missgeschick* [littéralement, comme le traduit Rachel Bowlby : ce contretemps apparent] (6).

L'expression est à première vue étrange. S'il s'agit selon les apparences d'un contretemps, on soupçonne, derrière ces apparences, un événement qui arrive à point nommé, juste à temps, comme de juste, heureusement. C'est un heureux contretemps, en effet, pour Freud qui découvre, à travers ce qui aura été pour Breuer un fâcheux contretemps, la nature sexuelle du transfert. Il suffit d'en rapporter la manifestation à la maladie elle-même pour apprécier son caractère de résistance au dévoilement de l'étiologie, elle-même sexuelle, de la maladie. Freud en fait d'ailleurs lui-même l'expérience qui lui fait abandonner le travail cathartique pour la méthode analytique :

> Je fis un jour une expérience qui me révéla sous un éclairage cru ce dont je me doutais depuis longtemps. Alors qu'une fois j'avais délivré de son mal l'une de mes patientes les plus dociles, chez qui l'hypnose avait permis de réaliser les plus remarquables prodiges, en ramenant l'accès douloureux à sa cause, elle me passa à son réveil les bras autour du cou. L'entrée inopinée d'une personne de service nous évita une explication embarrassante, mais, par un accord tacite, nous renonçâmes dès ce moment à poursuivre le traitement par hypnose. [Il y a, dans ce cas aussi, interruption du traitement mais la patiente est "docile" - elle ne résiste pas - et cette interruption se fait d'un commun accord, fût-il tacite. Y a-t-il une autre différence?] Je gardai la tête assez froide pour ne pas porter ce hasard au compte d'un charme personnel irrésistible et pensai avoir désormais saisi la nature de l'élément mystique qui était à l'oeuvre derrrière l'hypnose (7).

Faute d'attribuer "l'amour de transfert" à l'être-malade de sa patiente, Breuer aurait donc, contrairement à Freud, porté cet amour au crédit de son charme personnel. Mieux : il se serait mis à la place du père tendrement aimé, en refoulant tout désir sexuel, alors que Freud aurait reconnu le désir sexuel tout en considérant qu'il y avait erreur sur la personne. On pourrait déjà y voir ce sur quoi se portera leur différend : l'appréciation du rôle de la sexualité dans l'hystérie.

Cependant, trente ans après la publication des *Etudes sur l'hystérie*, Freud s'ingénie encore à en attribuer la paternité à Breuer, comme il l'avait fait déjà à plusieurs reprises et ce, malgré les désaveux réitérés de l'auteur de la méthode cathartique. Dans *L'histoire du mouvement psychanalytique* que rédige Freud en 1914 on pouvait lire :

> Lorsque, en 1909, j'eus pour la première fois la permission de parler publiquement de la psychanalyse du haut d'une chaire universitaire américaine, j'ai déclaré, pénétré de l'importance de ce moment sous le rapport des objectifs que je visais, que ce n'était pas moi qui avais appelé à la vie la psychanalyse. C'était un autre, disais-je, Joseph Breuer, qui s'était acquis ce mérite, à une époque où, étudiant, j'étais occupé à passer mes examens (8).

Curieusement, l'hypothèse concernant la paternité de la découverte freudienne s'élargit, se "dissémine", à mesure que Freud devient davantage conscient que les motions affectives à l'oeuvre derrière les phénomènes de la névrose sont toujours de nature sexuelle. En écrivant *L'Histoire* en 1914, lui revient le souvenir, déjà lointain, des éminents médecins qui l'avaient mis sur cette piste. Non seulement Breuer lui avait dit qu'il s'agissait toujours de *secrets d'alcôve* - ce qu'il avait dû se faire expliquer, tellement la chose lui paraissait inouïe [Freud était alors jeune médecin des hôpitaux] - mais ensuite Charcot, notamment lors d'une réception dans son appartement du faubourg Saint-Germain, en affirmant devant lui à Brouardel "c'est toujours la chose génitale, toujours", puis enfin le très en vue gynécologue Chrobak, à propos d'une patiente demeurée *virgo intacta* après dix-huit ans de mariage, en lui révélant sa célèbre ordonnance : *Penis normalis dosim repetatur*. Jamais, cependant, ces révélations sur l'étiologie sexuelle de l'hystérie n'étaient divulguées dans le monde scientifique. Ou bien ces autorités ne souhaitaient pas encourir la réprobation générale - ce qui fera dire à Freud que Breuer était plus intelligent que lui mais moins courageux - ou bien elles disposaient d'un savoir qui leur demeurait en partie insu. C'est une chose d'avoir une idée et tout autre chose de la développer, d'en examiner la complexité et d'en analyser les aspects contradictoires. Suivant son penchant pour l'utilisation de la métaphore, Freud dira que c'est "la différence entre un flirt léger et un mariage en bonne et due forme, avec toutes ses obligations et ses difficultés". Il aura donc, pour sa part, *épousé les idées* [l'expression en français vient sous sa plume] de ces maîtres, laissé germer en lui ce savoir en formation :

> Ces trois transmissions identiques, qui avaient été accueillies sans que je les comprisse, avaient sommeillé en moi pendant des années jusqu'au jour où elles se réveillèrent en tant que connaissance apparemment originale (9).

Cette longue gestation aura transformé "l'hystérie hypnoïde" de Breuer en "névrose de défense", ce qui allait engendrer de nombreux concepts comme le refoulement, la répétition, la résistance de l'inconscient, le contre-investissement : toutes sortes d'obstacles, en somme, à la levée de l'amnésie. Fait notable concernant la naissance de la psychanalyse, la reconnaissance de ses paternités possibles ou de sa paternité "réelle", tout comme la reconnaissance du rôle que joue la sexualité dans l'hystérie, ne se font que dans une suite d'après-coups, de retards, de différés, consécutifs à des moments de sidération. Si je ne considérais que la psychanalyse a rendu obsolète toute nosographie, je dirais que la reconnaissance de l'étiologie de l'hystérie s'est faite "hystériquement", c'est-à-dire à travers une série d'oublis, de déplacements et de réminiscences. Il en est donc de même, du coup, pour l'accouchement de la psychanalyse.

Freud aura dit à la suite de Breuer lui-même que ce dernier considérait comme très réduit, sinon absent, l'élément sexuel dans le cas d'Anna O. Et pourtant, dans ses "considérations théoriques" incluses dans les *Etudes*, Breuer est on ne plus affirmatif :

> Nous constatons que la sexualité est une des grandes composantes de l'hystérie. Nous verrons que sa participation y est encore plus considérable et qu'elle concourt, par les moyens les plus divers, à la formation de la maladie. [Parlant plus loin de certaines adolescentes, il ajoute :] Elles éliminent de leur conscient la sexualité. Les représentations affectives de celle-ci, qui ont provoqué des phénomènes

> somatiques, une fois qu'elles ont été rejetées deviennent inconscientes (10).

Breuer paraît même prendre une longueur d'avance sur Freud : "les représentations affectives rejetées deviennent inconscientes". C'est exactement à ce phénomène de "rejet" (*Abstossung*) que Freud - cela est dit explicitement - donnera le nom de refoulement. Et si l'on relit l'exposé du cas, il est difficile de se méprendre sur le rôle de la symbolique des serpents, de la rigidification, de la paralysie du bras qui apparaissent lorsque Anna O. se trouve au chevet de son père. Cette lecture ne deviendra toutefois possible que lorsque les instruments conceptuels appropriés auront été forgés.

C'est dans ce contexte qu'il faut re-situer le *contretemps apparent*, le *Missgeschick*, dont parlait Freud à propos de la fin du traitement d'Anna O. et sur lequel il revient dans son *Histoire* en d'autres termes, sous la forme d'une hypothèse, d'une supposition qui sera accompagnée semble-t-il ailleurs, dans ses conversations avec Ernest Jones ou avec Marie Bonaparte, de souvenirs évoqués ou reconstitués. On devrait plutôt dire : de souvenirs-écrans, en se rappelant que la constitution de nos souvenirs suit un processus analogue à celui de la formation des symptômes dits hystériques et qu'ils se forment comme tels au moment de leur évocation en y mêlant toutes sortes de motifs autres que ceux de la fidélité historique.

> Il se trouve que j'ai de fortes raisons de supposer que Breuer, après avoir écarté tous les symptômes, a dû nécessairement découvrir de nombreux indices témoignant en faveur de la motivation sexuelle du transfert mais que, le caractère général de ce phénomène inattendu lui ayant échappé, il arrêta là sa recherche comme devant un "*untoward event*" [l'expression est en anglais dans le texte allemand, et, de plus, en italique et entre guillemets]. Il ne m'en a pas informé directement mais il m'a fourni à différentes reprises des points de repère qui suffisent à justifier cette supposition (11).

Il n'y a rien là à quoi Breuer n'ait pu souscrire. C'est ce à quoi d'ailleurs, au dire de Freud, il souscrira. On en serait sans doute resté là si une petite note de Strachey, l'éditeur de l'édition anglaise, n'était venu attirer l'attention sur ce que l'expression de Freud, rarement utilisée en anglais, pouvait laisser soupçonner. Avec cet *untoward event*, entre guillemets, cette métaphore mystérieuse d'un "événement en sens contraire" (12) qui met fin à un cas d'*hystérie* entre guillemets, qui interrompt une recherche dont Freud hérite, comme il hérite d'Anna O. elle-même, de son invention à elle, de la *talking cure* -un don, par Breuer interposé, d'Anna O. à Freud-, donc avec ce mot de passe, ce *Schibboleth*, nous franchissons les frontières linguistiques de l'allemand, de l'anglais et du français. Ce n'est pas une expression courante en anglais. Un des équivalents en français est le mot *contretemps* que Strachey ne manque pas de choisir pour traduire *Missgeschick*. Il choisit un mot français anglicisé, un mot emprunté à la langue française dont l'usage est devenu courant en anglais. Un mot bilingue. L'"untoward event", le contretemps qui est à l'origine de la psychanalyse, et dont la psychanalyse fait son objet (la psychanalyse n'est-elle pas la science et l'art du contretemps ?), traverse non seulement les aires nationales et linguistiques, il traverse aussi de part en part l'histoire du cas, sa fiction, sa réalité, sa vérité. A ce mot, dans la Standard Edition, Strachey renvoie en note à la biographie de Freud déjà écrite par Jones. "Freud m'a raconté", écrit ce dernier, "les circonstances qui ont entouré la fin du traitement d'Anna O. *Il semblerait* [je souligne] que Breuer ait développé à l'égard de sa patiente ce qu'on appellerait aujourd'hui un fort contre-transfert". [Freud, quant à lui, n'avait parlé que de transfert. Jones y ajoute une forte dose de contre-transfert]. Je résume les conséquences que nous livre le biographe de Freud. Cette version est devenue canonique au sein d'une large "communauté" psychanalytique : la femme de Breuer, ayant pris ombrage de l'intérêt excessif de son mari pour sa patiente, aurait sombré dans la morosité. Breuer aurait alors décidé de mettre fin au traitement tandis que sa patiente allait visiblement mieux. Cette décision aurait précipité chez elle les transes d'un accouchement hystérique, conséquence d'une grossesse fantôme passée inaperçue [C'était donc là que se cachait la sexualité d'Anna O.]. Breuer, bouleversé, aurait procédé à une nouvelle séance d'hypnose et, après avoir apaisé sa patiente, il aurait quitté précipitamment la maison, "couvert de sueurs froides". Le lendemain, il aurait également quitté Vienne avec sa femme pour se rendre à Venise et y passer une seconde lune de miel qui devait donner lieu à la conception d'une fille, Dora.

Le récit que construit Jones [*"Il semblerait que ..."*] autour de ce contretemps, de cet *"untoward event"* [en italiques et entre guillemets dans le texte de Freud] ne manque pas de romanesque : les sueurs froides, la fuite à Venise, la seconde lune de miel. Et en qualifiant, à la suite, de "curieuses" les circonstances dans lesquelles fut conçue Dora et en évoquant son suicide à New York soixante ans plus tard, le récit de Jones n'est pas dépourvu de perfidie. En laissant entendre que Breuer se conforme à la prescription de Schrobak [*Penis normalis dosim repetatur*] pour soigner la morosité de sa femme Mathilde, qu'il n'hésite pas à qualifier de "dragon", Jones ne sous-entend pas moins que Breuer réalise imaginairement le désir "illégitime" de faire un enfant à Anna O. dans les circonstances de la légitimité bourgeoise, accentuant ainsi à son insu cette vérité qu'il n'y a de lune de miel que seconde, la première ayant toujours déjà eu lieu.

Dans quelle mesure ce récit relatant la naissance de Dora, auquel se superpose le conte concernant l'origine de la psychanalyse, tient-il de la légende ou de la fable, de la vérité ou de la fiction ? Cette question règle des enjeux considérables concernant la théorie, la pratique, et l'institution psychanalytiques, leur fondation et leurs fondements. On comprend que les historiens, s'intéressant à ce qui a nom de "psychanalyse" depuis maintenant un siècle, se soient penchés sur cette origine commune qui n'est rien moins que l'origine "psychanalytique" de la psychanalyse. A supposer que la psychanalyse soit déjà née, qu'elle ne soit pas le produit imaginaire d'une grossesse imaginaire et qu'elle ne soit pas par conséquent encore à venir, on aura vu que sa paternité faisait déjà l'objet d'une longue enquête, pour ne pas dire d'une analyse interminable. Pour ce qui peut paraître l'essentiel dans le récit ou la fable de Jones, à savoir : la grossesse nerveuse d'Anna O. et la conception de Dora Breuer, les recherches effectuées par Dora Edinger, Henri Ellenberger, Albrecht Hirschmüller et

Elisabeth Roudinesco, nous ont apporté des informations qui sont de divers ordres. Le témoignage venant, dans le cas présent, de la transmission orale [ce que Jones prétend tenir de Freud], même lorsqu'il fut consigné par écrit [comme c'est le cas pour les notes verbatim de la Princesse], n'a pas le même statut que les assertions prises dans le contexte de l'oeuvre publiée et diffusée, ou encore dans la correspondance à caractère privé et confidentiel. Les protocoles de lecture, les codes de déchiffrement ne sont pas les mêmes, et les règles d'interprétation varient d'un historien à l'autre comme tout un ensemble de présupposés qu'il n'est pas possible, faute de temps, d'examiner ici. Partons, en ce qui concerne les corrections à la version Jones, du plus simple. Dora Breuer étant née le 11 mars 1882 ne pouvait pas avoir été conçue en juin de la même année, date du voyage supposé des Breuer à Venise, mais bien l'année précédente. Cette erreur peut être mise au compte de la mémoire de Freud : réminiscence ou "faux souvenir" transmis à Jones que ce dernier intègre dans sa reconstitution. [Les erreurs de date sont fréquentes chez Freud. Par exemple : le traitement d'Emmy von N. a débuté en 1888 et non 89 comme il l'indique]. Quant à la grossesse nerveuse d'Anna, elle ne serait mentionnée nulle part dans les compte-rendus des hospitalisations successives et il est vraisemblable, dit-on, que Breuer n'aurait pas manqué de la signaler à Binswanger lorsqu'il lui adressa la patiente à sa clinique. Le contraire serait-il invraisemblable? Il est aussi possible qu'il s'agisse d'une assimilation à l'histoire d'Anna d'une autre histoire de Breuer. Jones raconte comment, quelque dix ans après la fin du traitement d'Anna, Breuer appela Freud en consultation pour un cas d'hystérie : "Avant de lui montrer la patiente, il décrivit les symptômes qu'elle présentait et Freud déclara qu'ils révélaient de façon typique un fantasme de grossesse". Il se peut que trente ans plus tard l'histoire des deux patientes se soit superposée l'une à l'autre dans le souvenir de Freud, si bien que, si tel était le cas, l'erreur de mémoire transmise oralement aurait été intégrée de la même manière, avec ses déformations, au récit de Jones. Il n'y a, à ce jour, aucune trace écrite de Freud parlant explicitement d'un fantasme de grossesse d' Anna O. ni, à fortiori, qu'un tel fantasme se soit manifesté sous la forme d'une grossesse nerveuse à proprement parler.

Dans les notes en style télégraphique de Marie Bonaparte, prises en 1927 et tout récemment exhumées par E. Roudinesco, on trouve ceci : "Freud me rapporta l'histoire de Breuer. Sa femme tenta de se suicider vers la fin de la cure d'Anna = Bertha. La suite est connue : la rechute d'Anna, son fantasme de grossesse, la fuite de Breuer / La fille de celui-ci interrogea son père. Il avoua tout ce que Freud écrivit dans la *Selbstdarstellung*." Et lorsque Freud écrit cinq ans plus tard à Stefan Zweig qu'il a publié quelque part [*sic* : il ne semble plus se souvenir où] sa "reconstitution" [de l'*untoward event*] et que Breuer, interrogé par sa fille, a confirmé son récit, il ne s'agit toujours que du contretemps que fut "l'amour de transfert" et nullement de "grossesse nerveuse" comme l'avance Jones, ni même de "fantasme de grossesse" comme le rapporte Marie Bonaparte. Ce que Breuer a toujours, en effet, reconnu. Il n'y a là nulle matière à un quelconque "nouvel aveu" que certains veulent y voir. Il n'y a que reconnaissance que le phénomène du transfert fut découvert à partir du traitement d'Anna O. et, pour lui, si je puis dire, à son corps défendant.

L'histoire, telle que je viens de la raconter, est loin de suivre un développement linéaire. Elle est faite d'événements qui sont lus, compris ou interprétés après coup de manière différente. L'"hystérie" de Breuer n'est pas celle de Charcot et celle de Freud n'est pas celle de Breuer. "L'hystérie de" dans les deux sens : celle qui est observée et celle qui observe ; l'hystérie qui voit celle de l'autre à travers le regard qu'elle porte sur elle-même. Les psychiatres ne verraient pas non plus cette hystérie d'hier comme on la voit aujourd'hui. S'agissait-il même d'hystérie ? Déjà, à l'époque, le diagnostic se faisait incertain et l'on admettait qu'il y avait dans cette hystérie plus de psychose qu'il n'y paraissait.

Dans une communication que je faisais il y a vingt-deux ans au Congrès International qui se tenait à Paris, communication qui avait pour titre "La révolution de l'hystérie" - à entendre comme la révolution dans la pensée que Blanche Wittmann, Anna O., Emmy von N. et Dora auront permis d'opérer tout en faisant chacune échec à la méthode qu'elles avaient inspirée, et à entendre aussi comme un cycle sur le point d'accomplir sa révolution sur lui-même - je disais au chapitre du "retour du révolu" [vous me permettrez de me citer, une fois n'est pas coutume] :

> L'hystérique de Charcot traduit symboliquement dans son corps le désir du maître et en donne la représentation visuelle pour démontrer le pouvoir dont elle s'empare, alors que "l'hystérique" de Freud [j'utilisais déjà les guillemets] traduit en mots l'affect lié aux fantasmes qui évoquent chez l'analyste la scène visuelle inconsciente en guise d'interprétation / Ce faisant, Freud refoule derrière une frontière "l'hystérie" que l'on connaissait avant lui. D'où elle ne manquera pas de faire retour (13).

Ce retour de l'"hystérie"[l'ancienne] était annoncé depuis quelque temps. La voici, elle vient d'arriver, avec la grosse vague américaine sur laquelle elle surfe à loisir et pour laquelle il n'y a pas de fantasmes mais que des traumatismes, pas de parole ambiguë non plus car la parole ne parle toujours que de la réalité, sinon elle est dans le mensonge, la mythomanie, la mystification : "Et si Freud n'était qu'un propagandiste de génie ? Et si le mythe thérapeutique qu'il incarne - à savoir qu'il faut faire parler le mal pour l'éliminer - n'était qu'une mystification ? Et si l'histoire de la psychanalyse n'était qu'un vaste tissu de ragots et de contre-vérités ?" C'est une citation, la citation de l'incipit d'un article au titre alléchant "Freud, mystificateur ?" et au sous-titre prometteur de révélations sensationnelles : "Cent ans après la naissance de la psychanalyse, on découvre les falsifications auxquelles le thérapeute eut recours pour imposer sa théorie". Cet article vient de paraître dans "Le Monde des livres" [nous sommes en novembre 1995] pour rendre compte d'un petit brulôt qui a justement pour titre : *Souvenirs d'Anna O. Une mystification centenaire* (14). On y raconte la même histoire que celle que je viens de vous raconter mais racontée autrement. Je dirais volontiers que je me trouve fort "embarrassé", j'utiliserais ce mot, bien qu'il évoque toujours son homonyme espagnol et sa signification de "grossesse", si je ne craignais de me retrouver dans la position de Breuer dont l'inénarrable Jones nous dit que, devant la grossesse nerveuse d'Anna O. et face aux douleurs de sa *pseudocyesis* [le mot est de lui et de lui seul dans cette histoire, en grec et en italiques, c'est un hapax dans sa biographie], devant son pseudo-accouchement, sa fausse délivrance, Breuer se trouve lui-même *engrossed* [préoccupé, pour ne pas dire "engrossé"] et en proie à des sueurs froides. Comme s'il y était. Je suis embarrassé car l'auteur - que je connais - du pamphlet sulfureux, est un universitaire américain sérieux, respectable et respecté. Il utilise toutes les archives dont je vous ai parlé. Rien de plus, à peu de choses près, rien de moins. Tout montre qu'il a une connaissance approfondie des documents qu'il cite abondamment et correctement. L'article du spécialiste du *Monde* résume bien la thèse. J'en poursuis avec vous la lecture : "Il est généralement entendu qu'Anna O. interrompit son traitement [...] à la suite d'un accouchement hystérique, conclusion logique d'une grossesse nerveuse qui s'était développée sans que Breuer s'en aperçût. Faux, démontre Borch-Jacobsen. Il est entendu que Breuer toujours aurait pris la fuite pour passer une seconde lune de miel avec sa femme, jalouse d'Anna, et qu'il aurait alors conçu une fille. Faux encore. Quant à la tentative de suicide de l'épouse de Breuer, racontée par Freud, elle relève elle aussi de ragots, mais de ragots ayant un objectif bien précis : la dramatisation d'un mythe". J'enchaîne avec la fin du texte de la quatrième de couverture de l'ouvrage : "Au terme, que reste-il ? Un beau récit ? Une fiction fondatrice ? Pas même : un dérisoire échec, rapiécé de légendes et de forgeries - le *premier mensonge* psychanalytique ".

Arrêtons-nous un instant pour examiner ce *proton pseudos* freudien. Qu'on ait des doutes sur la grossesse nerveuse d'Anna et sur son accouchement hystérique est une chose. C'est même tout-à-fait légitime, plus que légitime. Ce que nous pouvons dire aujourd'hui c'est que rien n'est encore venu attester les propos de Jones à ce sujet. Marie Bonaparte ne parle que de "fantasme de grossesse". Etant donné "l'amour de transfert" d'Anna, la présence de ce fantasme chez elle n'est pas une hypothèse très risquée. Les notes de la Princesse ne mentionnent aucun accouchement hystérique. En ce qui concerne la conception de Dora Breuer au cours de la "seconde" lune de miel de ses parents, nous avons vu, en effet, qu'il y avait une erreur d'année. Käthy Breuer a d'ailleurs écrit à Jones pour lui demander de rectifier cette erreur. J'ai fait l'hypothèse tout à l'heure que si l'erreur venait de Freud (ce que rien ne prouve pour l'instant), elle pourrait être attribuée à ses réminiscences propres, à la façon dont parfois il reconstitue ses souvenirs affectivement, à son "hystérie" si l'on veut. Jones aurait pu vérifier la date de naissance de Dora Breuer avant de se lancer sur une fausse piste. Mais il faut ajouter ici que, toutes dates corrigées, les circonstances de la conception de Dora sont similaires pour l'histoire d'Anna O. et de la famille Breuer. Elle survient en effet alors qu'Anna a été placée dans une maison de campagne à l'écart de Vienne, et que les Breuer sont partis en voyage, lune de miel ou pas, "pour plusieurs semaines de vacances". Pour ce qui est de la tentative de suicide de la femme de Breuer, notée par Marie Bonaparte, par elle uniquement, et que Borch-Jacobsen considère comme un "scoop", Jones se serait bien gardé d'en faire état puisqu'elle serait "formellement démentie par la lettre du 31 octobre 1883" que Freud adresse à sa fiancée Martha. Or, nous le verrons, rien dans cette lettre ne confirme ni n'infirme cette nouvelle. Elle reste à mon sens vraisemblable, étant donnés les symptômes dépressifs de Mathilde Breuer (pour lesquels un voyage, avant qu'on connaisse les anti-dépresseurs, était toujours recommandé) mais le vraisemblable n'est pas toujours vrai ni le vrai toujours vraisemblable. Cette lettre à Martha est bien plutôt pour Jones ce qui doit confirmer la *pseudocyesis* d'Anna O.

Dans la première partie de cet exposé, j'ai pris le mot de Freud en anglais, l'"*untoward event*" ou le "contretemps", comme mot de passe, mot "analytique" par excellence, pour montrer qu'il permettait la traversée des langues [cette "affaire" se passe en plusieurs langues - Anna O. elle même , qui en parlait plusieurs, refusait souvent sa langue maternelle pour n'utiliser que l'anglais, justement] et non seulement la traversée des langues et de plus d'une langue dans la même langue mais aussi la traversée de toute cette histoire. Or, il aura suffi à Borch-Jacobsen d'emprunter un autre mot de passe, un mot de Jones, utilisé aussi dans une langue étrangère, la *pseudocyesis*, ou le "faux accouchement", pour que sa lecture des mêmes archives opère un virage à 180 degrés.

The pseudocyesis est un mot que vous trouverez difficilement dans un dictionnaire courant de langue allemande, française ou anglaise, si ce n'est dans un Webster par exemple. C'est un hapax dans la littérature analytique, un hapax typiquement de Jones. Borch-Jacobsen l'attrape [il était entre parenthèses dans Jones] et ne le lâche plus. Il charge de ce mot son 22 long rifle avec Freud en point de mire. Faux, le voyage à Venise à l'époque indiquée, juin 1882. Si Breuer, à cette date, se sépare de sa patiente, c'est pour la transférer à Kreuzlingen [soit dit en passant avec le diagnostic de "très grave névrose et psychose hystérique"] et partir à Gmunden et non à Venise. Faux, la conception de Dora à cette même date. C'est un an plus tôt, à l'occasion d'une autre séparation. "Quant à la *pseudocyesis*", nous dit Borch-Jacobsen, "qui fait bien sûr tout le sel de l'histoire, elle n'est mentionnée ni dans le rapport rédigé à l'époque par Breuer à l'intention de Binswanger, ni dans celui du Dr. Laurus, ni dans les lettres à Binswanger écrites par la mère et le cousin de Bertha [pourquoi, je vous le demande, la mère et le cousin auraient-ils dû mentionner la *pseudocyesis* ?] et il y a tout lieu de penser qu'il s'agit d'une invention pure et simple". Pourquoi donc? vous demanderez-vous comme moi . Voici la réponse : "Si cet épisode avait eu lieu comme le prétend Jones, il eut été invraisemblable que Breuer ne mentionnât pas ce symptôme spectaculaire au collègue qui allait accueillir sa patiente". Je ne me serais pas risqué, à la place de Borch-Jacobsen, à ce mot "invraisemblable" car tout dans cette histoire est selon lui invraisemblable. Breuer raconte n'importe quoi mais là, il le sait, il aurait dit toute la vérité. "L'histoire colportée par Jones, poursuit-il, est de toute évidence un mythe psychanalytique, fondé sur des rumeurs et des ragots professionnels [...] On sait bien maintenant que l'histoire officielle de la psychanalyse est un vaste tissu de légendes et il est donc devenu de règle, parmi les psychanalystes, de sourire des "erreurs" de Jones. Pourtant, dans ce cas comme dans bien d'autres, c'est Freud lui-même qu'il convient d'incriminer". Là, je dois l'admettre, Borch-Jacobsen force mon admiration. Les erreurs de Jones disent la vérité de Freud. J'allais ajouter : et la fiction a une structure de vérité comme l'interprétation construit la réalité psychique. Mais nous voilà pris à contrepied car "dans cet univers proprement déréel qu'est la psychanalyse, l'interprétation vaut pour réalité et la fiction pour vérité. Il n'y a pas d'historiographie freudienne, seulement une mythographie. Construite à coup d'indices, de rumeurs et de mensonges, la *pseudocyesis* ne fut pas un fantasme de Bertha Pappenheim. Ce fut un fantasme de Freud, un pseudo-souvenir". Mais, attention, l'interprétation de l'auteur, elle, ne se fait pas attendre. Et même, elle se précipite : "La *pseudocyesis* [de Freud] fut un *pseudo*-souvenir destiné à atténuer rétrospectivement le retentissant *échec* de la *talking cure* originelle". Tout comme la rumeur mensongère de la tentative de suicide de Mathilde Breuer ne visait qu'une chose : la dramatisation du mythe freudien. Ces interprétations-là valent pour la réalité, elles disent la vraie vérité. Les autres ne sont que des pseudo-vérités.

Que disent donc encore les erreurs de Jones quand elles disent la vérité de Freud ? Par exemple : quand, parlant de la conception de Dora à Venise, il ajoute immédiatement "née dans ces curieuses circonstances, elle se suicida à New York près de 60 ans plus tard" alors que, si nous en croyons Hirschmüller, "Dora Breuer s'empoisonna à Vienne en 1938, au moment d'être arrêtée par la Gestapo". Je ne me risquerai pas à interpréter. Poursuivons cette *pseudocyesis* de Jones, ce pseudo-accouchement de la vérité que le gynécologue historien effectue avec, il faut le dire, la plus patiente, méticuleuse et rigoureuse passion de l'archive. Pour ceux qui auraient quelque doute concernant tout ce qu'il vient de dire et qu'il tiendrait directement de Freud, Jones ajoute : "On pourra trouver confirmation de mon compte-rendu dans une lettre de Freud à Martha [en date du 31 octobre 1883] qui contient en substance la même histoire". Cette mystérieuse lettre est restée longtemps inédite - officiellement elle le reste encore - mais Peter Swales et John Forrester ont pu tous les deux en prendre connaissance, le premier en la subtilisant à Anna Freud, le second en consultant un appendice non publié de Jeffrey Masson qui, lui, avait accès aux Archives. Borch-Jacobsen a pu se procurer la lettre qu'il cite longuement, sinon dans son entier. Pour ne pas abuser de votre patience - ce que je fais depuis un certain temps - je reproduis le passage qui pourrait être pertinent :

> [...] Breuer a arrêté son traitement [il s'agit bien entendu de Bertha P.] parce que celui-ci menaçait son heureux mariage. La pauvre épouse ne pouvait supporter qu'il se dévoue si exclusivement à une femme dont il parlait de toute évidence avec beaucoup d'intérêt, et elle n'était certainement pas jalouse d'autre chose que de l'intérêt porté par son mari à une étrangère. Pas de façon odieuse, harcelante, mais de façon silencieusement résignée. Elle tomba malade, perdit sa bonne humeur jusqu'à ce qu'il s'en rende compte et en découvre la raison, ce qui évidemment lui commandait de se retirer complètement de son activité de médecin de B. P. Peux-tu garder cela pour toi, Martchen ? Ce n'est rien de honteux, mais plutôt quelque chose de très intime et que l'on garde pour soi et sa bien-aimée [...]

Cette lettre, rappelons-le, est la seule source écrite, archivée, invoquée mais non citée par Jones pour appuyer ce qu'il avance. Il l'a sans doute lue et relue, cette lettre, et il est le seul, semble-t-il, à l'époque à avoir eu accès à ce document dont on s'attend à ce qu'il relate la même histoire en des termes similaires. Et pourtant, vous l'avez vu, pas la moindre trace dans cette lettre de la *pseudocyesis*. D'ailleurs Borch-Jacobsen, avec l'honnêteté intellectuelle qui le caractérise, avait admis quelques pages plus tôt : "Vérification faite, on ne trouve nulle trace de l'histoire de la *pseudocyesis* dans les oeuvres publiées de Freud". La correspondance étant une autre affaire sans doute, il nous avait annoncé que, grâce à cette lettre, il était enfin "maintenant possible de rétablir la version initiale de la rumeur lancée par Freud". Et pourtant, ici encore, il reconnaît qu'il n'y a nulle confirmation du faux accouchement dans la lettre à Martha. Il ajoute même : "Et Jones le savait pertinemment". On s'attend donc à ce que, cette fois, Borch-Jacobsen s'en prenne à Jones, incrimine Jones l'historien, sa fiabilité comme historien - ce qui est autre chose que la psychanalyse - et qu'il mette en doute que la rumeur puisse émaner de Freud, lequel se montre fort scrupuleux en la matière, on l'a vu, même quand il n'y a rien de honteux. Voyons ce qu'en dit Borch-Jacobsen :

> Que conclure de cette correspondance depuis si longtemps tenue sous le boisseau ? Une chose semble claire : Breuer, comme tant d'autres médecins placés dans une situation analogue, s'était quelque peu brûlé les ailes au contact de sa flamboyante hystérique [...]

J'interromps la citation. La langue de Borch-Jacobsen est ici suffisamment imagée et évocatrice, bien qu'il ait dit auparavant qu'il n'y avait "aucune raison de ne pas croire [Breuer] sur parole lorsqu'il soulignait l'asexualité à ses yeux 'étonnante' de Bertha Pappenheim". Eh ! oui, aussi étonnant que cela puisse paraître, on dit que cette "flamboyante hystérique" n'avait rien de sexuel. Je poursuis la citation :

> Nous sommes si habitués, depuis Freud, à interpréter toute relation thérapeutique, et notamment le "rapport" hypnotique en termes d'"*amour* de transfert" que cette idée nous semble toute naturelle. Mais au fond qu'en savons-nous ? Qui nous dit, sinon Freud [le voilà] et les psychanalystes, que l'hypnose et le rapport médecin-malade sont affaire de sexe et de libido ?

Nous serions donc empoisonnés, depuis Freud, par cette idée qu'il y a du sexuel dans tout rapport à l'autre. Ce qui n'est, et ne nous vaut, que rumeurs et ragots. Pour Freud, en effet, il n'y a pas d'analyse sans transfert et pas de transfert sans implication de la sexualité. Ce transfert offrant lui-même une résistance à l'analyse, il n'y a pas d'analyse sans résistance. Borch-Jacobsen adhère, pour sa part, à la fable - version expurgée - selon laquelle il n'y a, s'agissant du moins d'Anna O., ni sexualité en cause ni transfert . Que des ragots :

> [...] Dans le cas "paradigmatique" de Bertha Pappenheim et de Joseph Breuer, si souvent invoqué pour illustrer la théorie [j'ajoute : et même pour évoquer la naissance de la psychanalyse], nous n'avons à nous mettre sous la dent que de vagues rumeurs que Freud n'avait même pas jugé décent, à l'époque, de vérifier auprès de son ami. [Et quelques lignes plus tôt :] Devons-nous pour autant souscrire à ces rumeurs et imaginer, comme l'avaient fait Mathilde Breuer et Martha Bernays, quelque affaire sentimentale, fût-elle platonique, entre Joseph et Bertha ? Nous sommes si habitués depuis Freud etc.

Rien ne nous dit que Mathilde avait imaginé une affaire sentimentale. Il lui suffisait bien de l'intérêt porté par son mari aux fantasmes d'Anna. En tout cas pour Freud "elle n'était certainement pas jalouse d'autre chose que de l'intérêt porté par son mari à une étrangère". Pourquoi Borch-Jacobsen prend-il le fantasme pour la réalité : "Devons-nous imaginer quelque affaire sentimentale..." ? Et voici le *climax*, le moment où l'auteur se laisse visiblement emporter, délibérément sans doute, le moment - selon un mot qu'il affectionne - le plus "surréel" :

> Ce sont pourtant ces mêmes ragots que Freud a utilisés plus tard pour étayer son interprétation de tout l'épisode et l'on se dit qu'il a eu bien de la chance que Breuer ne le poursuive pas en diffamation. [C'est la version U.S.A. des années 90] Ses "reconstructions" malveillantes n'auraient pas résisté un seul instant à un bon avocat. [Suit immédiatement :] Quand donc Freud a t-il commencé à diffuser [je souligne "*diffuser*", par conséquent, rendre publique et diffamante] la fable de la *pseudocyesis* ?

Nous l'avons vu. En 1914, dans *l'Histoire du mouvement psychanalytique*, il n'est question que de l'*untoward event* que fut la découverte de la motivation sexuelle du transfert. En 1925, dans le *Selbstdarstellung*, il n'est question que du *Missgeschick* (du contretemps) que fut "l'amour de transfert", phénomène que Breuer ne rapportait plus à l'être-malade de sa patiente. Toutes choses que Breuer aurait confirmées à sa fille. Voyez-vous là matière à engager des poursuites en diffamation ? Breuer meurt en 1925. Il aurait donc fallu qu'un mort poursuive un vivant [les fantômes , il est vrai, le font fréquemment] et poursuive un vivant qui avait osé dire de lui qu'il avait eu un contretemps. On trouve en 1995, cette année, dans un carnet de notes à usage privé, une allusion au fantasme de grossesse d'Anna O. que Freud aurait confié à Marie Bonaparte en 1927 et *rien* dans la lettre à Martha qui, d'après Jones, devait tout confirmer. Nous en venons à 1953, date à laquelle apparaît - c'est la seule fois, publiquement ou privément - la *pseudocyesis* que Breuer aurait pu contester s'il avait été encore vivant et en demandant des explications à Jones plutôt qu'à Freud. [Je reprends dans un instant la lettre à

Zweig de 1932 dont Jones ne parle même pas]. Nous sommes, vous le voyez, en plein juridisme-fiction. Un accusateur fantôme et un accusé fantôme. Et on ne pourrait convoquer à la barre aujourd'hui que des fantômes comme témoins : Martha Freud, Marie Bonaparte, Stefan Zweig, Ernest Jones et quelques autres, pour témoigner à propos d'une "grossesse fantôme" comme chef de diffamation.

Que les historiens convoquent les fantômes, c'est déjà là une histoire plus sérieuse. C'est même une part importante de leur travail. Mais il faut les faire parler, dans une langue morte, ce qui n'est pas toujours une tâche aisée, et interpréter ce qu'ils disent. Passer d'une langue à l'autre et souvent traduire à l'intérieur d'une même langue. Sans l'archive, en mal d'archive, l'interprète est livré à des reconstitutions lacunaires et parfois à sa seule imagination ou à ses partis pris. S'il colle à l'archive et croit qu'elle n'a aucune extériorité qui permette de la lire ou l'empêche de s'anarchiver d'elle-même (15), il est en proie à des convulsions spasmodiques dignes du Grand Mal. Le Grand Mal d'archive. Ce mal est aussi de nature sexuelle. Il suffit parfois d'un mot pour le déclencher.

La *pseudocyesis*, par exemple. Si on la cherche on la trouve. C'est d'abord un "bon mot" de Jones pour expliquer l'*untoward event* et le *Missgeschick*, ce contretemps pour Breuer qui devient un heureux événement pour Freud. Faut-il voir dans le mot de la Princesse, "un fantasme de grossesse", la résurgence mosaïque dans la naissance de la psychanalyse ? "Soyons justes avec Borch-Jacobsen", comme disait Foucault à propos de Freud. Il y a quand même, comme toujours en pareil cas, un point de départ à sa construction. Il se trouve dans la lettre de Freud à Zweig en 1932, dont Borch-Jacobsen nous livre la traduction française parue en 1991. Curieusement, alors que les constructions que nous faisons, qui sont des "pièces rapportées" comme le dit Freud à propos des constructions analytiques qu'il compare aux constructions délirantes, partent d'un point d'ancrage dans la réalité, ici c'est un propos délirant d'Anna O., ou prêté à Anna O., qui déclenche une reconstruction de la réalité historique. Freud écrit à Zweig :

Ce qui se passait réellement avec la malade de Br. je n'ai pu le deviner que plus tard, longtemps après notre rupture, quand je me suis tout à coup souvenu [qui pourra dire le statut de ce souvenir qui survient longtemps après ?] d'une information que Br. m'avait donnée autrefois dans un autre contexte avant que nous travaillions ensemble, et qu'il n'avait plus jamais répétée. ["Avant que nous travaillions ensemble" semble se rapporter à une époque antérieure aux *Etudes sur l'hystérie* et même peut-être bien avant, puisque Freud fréquentait Breuer avant de venir chez Charcot. "Une information jamais répétée", donnée une seule fois, seulement à Freud, et que personne d'autre ne connaitrait]. Le soir du jour où tous les symptômes avaient été surmontés, on l'appela de nouveau : il la trouva *délirante* [je souligne "délirante"], se plaignant de crampes dans le bas-ventre. Comme il lui demandait ce qu'elle avait, elle répondit : "C'est l'enfant que j'attends du docteur B. qui arrive".

Anna O. n'aurait pas dit à Breuer "c'est l'enfant que j'attends de vous" mais "c'est l'enfant que j'attends du docteur B. qui arrive". S'il s'agit bien du docteur Breuer, le propos est en effet délirant, puisqu'elle s'adresse à lui, Breuer, en parlant du docteur B. comme d'un tiers. Elle se plaint de crampes, sans manifester les signes du syndrome de la grossesse nerveuse. Il serait donc inexact de parler de *pseudocyesis.* Faut-il rappeler qu'il y a une différence entre le fantasme, la conversion et le délire ? Quant à savoir s'il s'agit, de la part de Freud, de vrais-souvenirs ou de vrais faux-souvenirs, de savoir par conséquent si Anna O. a pu avoir ou pas un fantasme ou un délire d'avoir un enfant de Breuer, la question ne me paraît pas tranchée, à supposer qu'elle soit jamais tranchable. Pour Borch-Jacobsen, elle est tranchée. Puisque Freud s'adonnait, selon lui, et tant d'autres à sa suite, à un simple jeu de "constructions", il s'interroge :

A-t-il ensuite commencé à croire à sa propre fable [il s'agit toujours de la *pseudocyesis*], tel un mythomane ? A Jung, [ajoute-t-il] dont on néglige trop souvent de consulter le témoignage, [Freud aurait confié] qu'il avait *lui-même* assisté au délire transférentiel de Bertha : "Freud me raconta, dit Jung, qu'il avait été appelé auprès de la patiente la nuit même où Breuer l'avait vue pour la dernière fois et qu'elle avait une grave attaque hystérique du fait de l'interruption du transfert". Nous savons bien sûr qu'il n'en est rien [poursuit Borch-Jacobsen].

On a donc tort de ne pas convoquer plus souvent les faux témoins. Même lorsqu'ils sont devenus des fantômes. Ils disent la vérité des autres. Freud ne parle-t-il pas du délire d'Anna O. comme s'il y était? Borch-Jacobsen y était aussi, pour qui tout cela n'aura été que pure simulation :

> Nul doute, conclut-il, [et ce sera son mot de la fin] que Bertha Pappenheim n'ait été une simulatrice particulièrement douée. Qu'on le veuille ou non, sa maladie fut des plus réelles (des plus surréelles), jusqu'au jour où elle décida que ce jeu stérile et désespéré n'en valait pas la chandelle. Et pourtant, cette maladie n'eut pas d'autre réalité (d'autre surréalité) que celle-là : celle du jeu puéril qu'elle joua avec un médecin viennois un peu crédule et dont ils élaborèrent ensemble les règles bizarres. Certains y jouent encore.

Selon certains accoucheurs de l'Histoire, la pseudo-naissance de la psychanalyse ne serait que l'accouchement "hystérique" d'une grossesse fantôme. Il suffirait d'oublier. Nous serions toujours au dix-neuvième siècle. Il ne se serait rien passé. "L'hystérie" ne serait que simulation.

Mais n'oubliez pas... les guillemets,
ça change tout.

le 18 novembre 1995

1. Trad. fr. de Anne Berman, Paris, P.U.F., 7° éd., 1981

2. *Sigmund Freud présenté par lui-même*, trad. fr. de Fernand Cambon, Paris, Gallimard, 1984

3. Op. cit. p. 35

4. Op. cit. p. 37

5. Op. cit. p. 36

6. Op. cit. p. 46. Cambon traduit *Missgeschick* par le mot "déboire". Sur ce "déboire" malheureux pour Breuer, qui devient un heureux événement pour Freud, voir Rachel Bowlby dans *Contretemps*, no 1, Paris, L'Age d'Homme, 1995.

7. Op. cit. p.47

8. Trad. fr. de Cornélius Heim, Paris, Gallimard 1991, p. 14.

9. Ibid. p. 24

10. Op. cit. p. 198-199

11. Op. cit. p. 22

12. "malencontreux", dit le traducteur français.

13. Repris dans *Rêver l'autre*, Paris, Aubier Montaigne, 1977.

14. Paris, Aubier, 1995, pour les citations qui suivent.

15. Voir à ce sujet *Mal d'archive* de Jacques Derrida, Paris, Galilée, 1995.

L'hystérie et la IIIème République (1880-1890)

Nicole Edelman

XIIEME COLLOQUE DE LA SOCIÉTÉ INTERNATIONALE D'HISTOIRE DE LA PSYCHIATRIE ET DE LA PSYCHANALYSE, 18 NOVEMBRE 1995

La troisième République n'en finit pas de naître. Proclamée le 4 septembre 1870, c'est une Assemblée en majorité monarchiste qui la fonde le 30 janvier 1875 à une voix de majorité mais il faut attendre les années dix-huit cent quatre-vingt pour que ses institutions et sa législation deviennent véritablement républicaines. Pour le type de régime républicain qui se met en place, la société française de cette époque présente deux zones de fragilités, deux catégories de population à risque: la classe ouvrière qui se constitue en tant que classe dans un contexte dur et tendu de crise économique, de grèves, de pénétration du marxisme en France et les femmes, exclues politiquement et minorisées civilement quand elles sont mariées. Or, les Ferry et les Gambetta veulent fonder une République une et indivisible, pour ce faire, ils doivent reconstituer l'unité de la société en dépassant les antagonismes de classes. Gambetta s'appuie sur "les couches nouvelles", c'est-à-dire les classes moyennes et les paysans mais les ouvriers restent à rallier. Après l'Empire, la guerre et la Commune et dans un temps fort d'industrialisation de la France, il faut aussi reconstruire une cohésion entre les membres du corps social. Pour les républicains, l'unité de l'esprit national passe par l'école : la sécularisation de l'école, l'instruction, primaire, laïque et obligatoire (votée en 1881 et 1882) ont pour ambition de la fonder sur des bases positives incontestables. Cette unité passe aussi par la régénération de la famille. La famille républicaine est l'un des creusets de l'élaboration du consensus national et la femme, en tant qu'épouse et mère, en est la clé de voûte. Les nouvelles femmes républicaines doivent tout à la fois rester exclues du politique et devenir actives, pensantes et intelligentes auprès de leur mari et de leurs enfants. Elles doivent donc être soustraites à l'influence de l'Eglise et recevoir une instruction. "L'égalité d'éducation, c'est l'unité reconstituée dans la famille(1), écrit Ferry dès 1870.

Or au début des années 1880, les deux catégories de population les plus menacées par l'hystérie d'après la nosologie dominante, c'est-à-dire celle de Charcot sont aussi celle des femmes et celle des ouvriers. Je n'étudierai ici que celle des femmes.

Une et indivisible, Charcot et les fondateurs de la République : même combat ?

Deux discours se constituent entre les années 1880 et 1890: un discours républicain qui développe l'idée d'une régénération de la famille par l'école, une école rendue égalitaire par l'institution d'une instruction primaire, laïque et obligatoire pour les garçons et pour les filles et secondaire et laïque pour les jeunes filles et un discours médical qui fait de l'hystérie une maladie partagée par tous, hommes, femmes et enfants. Les républicains comme les neurologues tiennent un discours en apparence égalitaire ; l'hystérie au moins selon Charcot, comme la République est une et indivisible. Pourtant chacun reformule en même temps un partage entre les sexes et sous couvert d'universalité, discours médical et discours politique reconstruisent une inégalité entre hommes et femmes(2).

Quand Charcot écrit : "l'hystérie est une et indivisible, c'est du moins mon humble avis"(3), il a enfin construit des lois et une nosologie pour une maladie qui dorénavant se déploie sur le genre humain tout entier. Dès 1880, il va montrer que les hommes, loin d'être protégés de l'hystérie, sont aussi l'objet de ses attaques. En 1885, il propose les conclusions de ses premières observations dans une leçon qu'il intitule "six cas d'hystérie masculine". Je ne m'attacherai pas à l'étude de cette hystérie masculine en tant que telle puisqu'elle a été largement faite par Mark. S. Micale en particulier dans "Charcot and the idea of hysteria in the male gender, mental science and medical diagnosis in late nineteenth-century France" paru en 1990 dans la revue *Medical History*(4). En revanche, en m'appuyant sur ses travaux, sur une relecture de quelques grands ouvrages traitant de l'hystérie et sur le dépouillement de 42 thèses de médecine soutenues en France entre 1863 et 1909 portant sur l'hystérie de l'homme, des enfants ou de l'hystérie sans spécification, je veux donc montrer l'adéquation entre le discours et la législation républicaine des années quatre-vingt portant sur le nouveau rôle de la femme dans la famille et l'évolution conceptuelle de l'hystérie faisant de cette maladie celle du genre humain tout entier.

Dès 1618 grâce aux travaux de Ch. Lepois, il est possible de penser l'hystérie masculine. L'idée est reprise à la fin du XVIIème siècle par Willis et Sydenham, enfin par plusieurs médecins français de la première moitié du XIXème siècle dont le Dr E. J. Georget en 1821 et le Dr J. L. Brachet en 1847. Tous déplacent la maladie de l'utérus au système nerveux. Et c'est enfin le Dr Pierre Briquet qui en fait "une névrose de l'encéphale" dans son *Traité clinique et thérapeutique de l'hystérie* paru en 1859(5).

Mais dans un premier temps, jusqu'en 1889, les hommes sont significativement sous représentés. Jusqu'à cette date, les thèses de médecine, soulignent majoritairement une inégalité au détriment des femmes toujours plus touchées que les hommes. En 1870, E. Martinet n'hésite pas dans une thèse bâclée de 25 pages à n'en faire qu'une maladie de femme(6). En 1875, Jules Petit dans *De l'hystérie chez l'homme*(7) considère que si l'hystérie existe chez l'homme, elle est néanmoins très rare puisqu'il propose le ratio de 1% (ce qui correspond aux chiffres donnés par Brachet en 1847). En 1876, la thèse de M. P. Agussol, *De l'hystérie essentielle chez l'homme* déclare que la maladie touche surtout les femmes(8). En 1877, Octave Lallemant n'est pas vraiment sûr qu'il existe une hystérie chez l'homme(9). Cette fin des années soixante-dix marque un tournant. D'une part les thèses sur les enfants se multiplient et d'autre part, les thèses concernant l'hystérie masculine rompent avec le caractère efféminé des malades. Jusqu'aux années quatre-vingts en effet, les hommes hystériques "revêt(ai)ent les apparences féminines", ce qu'exprime encore en 1875 le Dr J. Petit dans sa thèse(10) et le Dr E. S. Maricourt dans la sienne en 1877. Ce dernier, citant le Pr Jaccoud, pense que les hommes hystériques sont proches de la femme(11). Dès 1880 au contraire suivant en cela les travaux de Charcot, les thèses présentent des hystériques virils et robustes, dont les métiers "ne montrent pas une prédilection particulière pour les travaux d'aiguille"(12) et dont la "profession (est) en général pénible"(13). Les termes de robuste, rude ou pénible se retrouvent de thèse en thèse, chacun s'efforçant de montrer que ces hommes hystériques n'ont rien d'efféminé.

En même temps que l'homme hystérique devient viril, il s'impose, croît et se multiplie. Ainsi, dans sa 15ème leçon du 19 février 1889, Charcot annonce "Vous verrez qu'un jour, tout compte fait, en raison de l'extension singulière que semble prendre l'hystérie mâle dans les classes inférieures de la société à mesure qu'on apprend à la mieux connaître, on en viendra à poser la question suivante: la névrose hystérique est-elle vraiment comme on l'a prétendu jusqu'ici plus fréquente chez les femmes que chez les hommes?"(14). Et en mai 1891, il signale que les travaux du Dr M. P. Marie montrent que "l'hystérie mâle est très fréquente chez les classes inférieures de la société, elle semble même y être plus fréquente que l'hystérie féminine"(15). Cette phrase est en fait issue d'un article écrit par Marie dans *Le Progrès médical* le 27 juillet 1889. Sur un chiffrage précis, Charcot lui-même ne s'engage pas avec précision, Briquet avait estimé que le rapport entre homme hystérique et femme hystérique était d'environ 1 homme pour 20 femmes, "Charcot croyait que, dans chaque tranche d'âge, le rapport était légérement plus serré que cela"(16). En 1891, Gilles de la Tourette qui reflète fidèlement l'enseignement de Charcot, estime que la proportion chez les patients venant de services de consultation externe est de "un hystérique homme pour deux ou trois femmes atteintes de la même affection" tandis que "l'hystérie masculine dans les hôpitaux est deux fois plus fréquente que l'hystérie féminine" (en ce cas, elle est souvent liée à un traumatisme ou à une intoxication)(17). A Bordeaux la même année, le professeur Pitres écrit dans sa deuxième leçon des *Leçons cliniques sur l'hystérie et l'hypnotisme*(18) que l'hystérie est plus commune dans le sexe féminin sans plus préciser. En 1890, Paul Michaud dans *Contribution à l'étude des manifestations de l'hystérie chez l'homme*(19), dénombre à l'hôpital Saint Antoine dans le service du professeur Raymond (de février à mars 1890) 3 fois plus d'hystériques hommes que femmes. Il conclut sa thèse en affirmant que dans les hôpitaux de Paris, "il semble que la névrose soit plus fréquente chez l'homme que chez la femme." La même année, Henri Colin avance dans une énorme thèse de 255 pages soutenue sous la présidence de Charcot que "l'hystérie affecte les deux sexes dans une proportion que nous ne serions pas éloigné de considérer comme égale de chaque côté"(20). On a donc bien un basculement dans cette décennie quatre-vingt : l'hystérie est partagée entre les sexes.

En ce qui concerne les enfants, les proportions comme le caractère viril ou non (des garçons) sont plus disputées. Il n'existe pas en effet sur ce thème des travaux aussi dominants que ceux de Charcot sur l'homme adulte. Le débat s'en trouve donc peut-être plus ouvert. Les thèses concernant les petites et jeunes filles insistent sur leur caractère trop sensible ou sur leur trop grande fatigue quand elles sont ouvrières. Celles concernant les garçons mettent aussi l'accent sur la surexcitation, sur la sensibilité ou sur un caractère efféminé. En 1884, Léon de Casaubon note dans *L'hystérie chez les jeunes garçons*, que nombre de ses garçons hystériques étaient de "vraies petites filles"(21). En 1888, devant son président de thèse Charcot, Melle Hélène Goldspiegel affirme: "les garçons (hystériques) sont efféminés, ils aiment les jeux de fillettes, les poupées..."(22). On voit donc des petits garçons hystériques efféminés tandis que les hommes sont au contraire robustes et virils. L'acceptation de cette différence me semble liée au fait que d'une part les enfants ne représentent pas un enjeu politique direct et, si enjeu social il y a, l'éducation et l'instruction par l'école (et le service militaire)y remédieront. J'y reviendrai.

Quant aux proportions partageant l'hystérie des enfants

entre les sexes, elles sont discutées. Sous l'autorité de Charcot, Hélène Goldspiegel propose le ratio de 2/3: "le sexe, écrit-elle, joue un rôle important, sur 272 enfants hystériques presque 2/3 sont des filles" et elle ajoute "on remarque à peu près la même proportion chez les adultes hystériques"(23). En 1891, dans sa thèse, J. F. Brunet conteste ces chiffres et parle de la volonté de Melle Goldspiegel "de venger son sexe"(24), ce qui souligne, si il en était besoin, les enjeux que représentent la répartition des sexes de cette maladie. Selon lui, les petits garçons sont moins nombreux mais les proportions seraient sensiblement égales au moins dans le très jeune âge (avant cinq ans). C'est aussi la position de J. Conturie dans une thèse qu'il soutient en 1896 à Paris(25). En revanche, la même année à Montpellier, P. Isnard estime que l'hystérie est plus fréquente chez les petites filles car "leur constitution est plus délicate et leur sensibilité plus vive"(26). Enfin P. Bézy dans sa synthèse, *L'hystérie infantile et juvénile*, publiée en 1900 ne parle que de l'enfant sans préciser son sexe ce qu'on peut interpréter comme la volonté d'universaliser la maladie(27). Seul l'âge de la puberté est noté dans tous les travaux comme un moment particulièrement difficile pour les filles et leur cas est jugé plus grave pour cette raison. Le pronostic des garçons est généralement donné comme bénin toutefois Charcot note que l'hystérie ne tient pas chez l'enfant si elle est reconnue et traitée de bonne heure. Les enfants sont donc eux aussi égaux devant la maladie mais égaux dans la différence, comme les adultes.

Au début des années 1890, le discours dominant des médecins neurologues présente donc les hommes, les femmes et les enfants comme égaux devant l'hystérie. Egaux devant la maladie mais à la manière dont ils le sont dans la République, c'est-à-dire dans la différence. Et les marqueurs de cette différence en politique comme "en hystérie" sont le sexe (et la classe).

Egaux dans la différence

Lorsqu'on recense les causes de l'hystérie que les médecins divisent en "causes prédisposantes" et en "causes déterminantes ou occasionnelles", on s'aperçoit qu'elles séparent nettement les sexes. En effet, à côté de l'hystérie "classique" dans laquelle l'hérédité était considérée comme le facteur étiologique principal, Charcot ajoute la forme hystérique post-traumatique qui concerne essentiellement les hommes et les hommes dans leur travail (on connaît le rôle des traumatismes liés au chemin de fer). Dans le cadre des causes occasionnelles, on voit donc très nettement s'oppposer le public au privé. Les travaux de Charcot dévoilent une hystérie féminine liée à des causes d'ordre privé: amours malheureuses, chagrins, contrariété, émotions ... tandis que l'hystérie masculine est au contraire associée à des traumatismes reçus dans le travail ou à des intoxications dont l'alcoolisme. Chacun est donc renvoyé à ce qu'on veut qu'il soit, comme si il fallait réattribuer à chacun sa sphère d'activité et de vie(28). A chacun sa place, les femmes dans la famille, les hommes dans la sphère publique. Mais en même temps, la femme est beaucoup plus menacée que l'homme puisque sa sensibilité, son émotivité même au sein de son lieu naturel de vie la menacent. Toutes les femmes sont donc susceptibles d'être hystériques, certains hommes seulement, en particulier ceux qui sont soumis à des travaux pouvant causer des traumatismes, c'est-à-dire les ouvriers(29).

Cette différence est encore accentuée par une des causes prédisposantes essentielles de l'hystérie: l'hérédité. L'hystérie est la plus héréditaire des névroses, l'hérédité est la première cause de l'hystérie, cause essentielle. On naît hystérique. Par ailleurs, le *Traité philosophique et physiologique de l'hérédité naturelle dans l'état de santé et de maladie du système nerveux*(30) du Dr Prosper Lucas posait en 1847 l'idée que l'hérédité procédait des deux sexes mais qu'en fonction du type de maladie et de l'organe affecté, il y avait égalité ou non. Or pour Charcot, en ce qui concerne les origines héréditaires de désordres nerveux fonctionnels, "statistiquement, écrit M. Micale, les femmes restaient de loin plus enclines à ce désordre que les hommes (dans la proportion de 1/20) et les femmes servaient d'agent parental unique dans la transmission directe de l'hystérie pour leurs fils"(31). En 1876, M. P. Agussol estime que si l'hérédité chez l'homme hystérique est difficile à établir, ce n'est pas le cas pour la femme(32). En 1877, E. S. Maricourt place l'hérédité surtout du côté de la femme. En 1885, P. Peugniez confirme ce diagnostic en écrivant que la femme entre pour une part plus large dans "la transmission de la maladie aux enfants"(33). Ainsi, l'hystérie joue un rôle particulier dans le discours "héréditaire", c'est la folle du logis qui entre dans la famille par la femme. Tous les ouvrages sur l'hystérie de Briquet à Gilles de la Tourette posent ainsi la question du mariage des jeunes filles hystériques, et tous après de longues discussions concluent à la possibilité du mariage considérant comme Gilles de la Tourette que le célibat risque finalement d'être pire(34) Ainsi, malgré les risques encourus, la famille est préservée mais au prix d'une étroite surveillance de la mère. Plus menacée par l'hystérie que l'homme, elle doit être d'autant plus protégée. En 1895, Gilles de la Tourette rappelle que le vieux principe: "une femme doit être sous la garde de son père pendant son enfance, sous la garde de son mari pendant sa jeunesse et sous la garde de son fils pendant sa vieillesse et ne doit jamais être indépendante", est applicable aux hystériques plus qu'à toutes autres(35). Il recommande au médecin de suivre attentivement, régulièrement et avec fermeté les femmes hystériques.

Comme l'hérédité, l'éducation est aussi considérée comme une cause qui prédispose à l'hystérie mais elle peut aussi traiter la maladie ou surtout éviter son apparition. L'éducation est en effet une pièce maîtresse du traitement (avec l'isolement) ou de la prévention de l'hystérie, elle est capable d'enrayer le développement de la maladie (rendu pourtant normalement inéluctable en cas d'hérédité). A ce titre encore, médecins et fondateurs de la République partagent la même foi dans la capacité de l'éducation à régénérer les français et les françaises. Là encore, l'inégalité apparaît clairement.

Très tôt, dès les années 1820, certains médecins s'intéressent au rôle de l'éducation dans le traitement de l'hystérie, ainsi le Dr Georget dont les travaux influencent certains de ses confrères. La thèse de Louis-Alexandre Dufan-Pérès, *Considérations générales sur les causes et les phénomènes et le trai-*

tement de l'hystérie, soutenue en 1827, en témoigne. Il y est rappelé que "Mr Georget conseille les distractions, les jeux où le système musculaire s'exerce plus que l'intelligence. Dans un autre endroit, il dit qu'il faut occuper continuellement l'esprit. L'exercice soutenu des facultés intellectuelles n'est-il pas un bon moyen de prévenir et de guérir l'hystérie?"(36) L'auteur ajoute qu'il "faut beaucoup occuper le cerveau et le fatiguer" et que "l'étude de langues difficiles serait un moyen, l'anglais par exemple"(37). Autant la vie saine, le grand air, l'exercice physique sont des conseils récurrents tout au long du siècle, autant l'exercice intellectuel est discuté. Ainsi, en 1847, dans son *Traité de l'hystérie,* J. L. Brachet propose un traitement de l'hystérie fondé en grande partie sur une vie saine et hygiénique, il recommande "des conversations et des lectures gaies et agréables, des voyages et des promenades, des spectacles, des jeux de société, des séjours à la campagne", il déconseille les plaisirs bruyants, tels les bals et les concerts(38). Il insiste sur la primauté du développement du corps de l'enfant, essentiellement des petites filles bien-sûr encore à cette date. Dans sa première enfance, "la mère comme la nourrice, doit être esclave de son enfant: sa vie devient une vie de privation et de sacrifice"(39). Et Brachet plaide pour l'éducation privée, "que la mère soit à la fois précepteur et mentor"(40). Lorsqu'elle approche de l'adolescence, elle doit se préparer à son destin de femme, elle doit "s'accoutumer à l'occupation, au travail, c'est le plus sûr moyen de la garantir de mauvaises pensées ou de mauvaises passions", travail manuel, puisqu' "on évitera de l'égarer dans l'étude approfondie des sciences, dans le labyrinthe ténébreux de la métaphysique ou sur les rayons poudreux de l'érudition", "ne lui souffrez d'autres lectures que celles des ouvrages utiles et intéressants", ajoutant "qu'elle n'oublie jamais que le règne de la femme est celui des vertus"(41). Enfin, à son tour, Briquet expose en 1859 les deux grands types d'éducation hystérisante, s'adressant toujours à cette date essentiellement aux filles (mais sa typologie sera ensuite en grande partie reprise par les médecins pour les garçons). Briquet explique d'une part qu'une éducation frivole, dans laquelle toute satisfaction aura été donnée aux sens, et dans laquelle la lecture des romans, la fréquentation assidue des grandes réunions, l'assistance au théâtre, l'usage abusif des parfums, la culture de la musique portée à l'excès, forment l'occupation principale, cette éducation a été regardée généralement comme une prédisposition très puissante à l'hystérie." Il ajoute la phrase de Tissot qui sera ensuite répétée sans fin : "Si votre fille lit des romans à quinze ans, elle aura des attaques de nerfs à vingt ans"(42). D'autre part, à l'inverse, l'enfant maltraité risquera tout autant de devenir hystérique, cause qui n'apparaît dans aucun des traités précédents. Manifestement, le développement du travail des enfants et de la misère ouvrière laisse voir ses effets. Cause de l'hystérie, l'éducation est aussi chez Briquet une thérapeutique préventive efficace. Dans la première et la seconde enfance, la petite fille peut être élevée comme un garçon, il lui faut du bon lait, donc une bonne nourrice, calme et "point trop impressionnable". Briquet est le premier à clairement penser qu'une mère hystérique "ne doit pas allaiter son enfant parce qu'elle ne peut lui donner que des matériaux nutritifs de mauvaise qualité (...)"(43). L'enfant doit vivre à la campagne, bien manger lorsqu'elle est sevrée, boire un petit verre de vin ou de bière, se dépenser comme un garçon: "pas de jeux tranquilles, pas de poupées ." Finalement, les personnes qui l'entourent "devront (la) traiter d'une manière un peu rustaude"(44). Puis, "à l'époque où commence la véritable éducation de la jeune fille (...), l'instruction devra être grave et un peu sévère, elle occupera en partie égale avec l'exercice, tous les instants de la journée (...)"(45). La jeune fille doit mener une vie calme, dans la famille, continuer de fortifier son corps par des bains frais, éventuellement par la pratique de la natation en rivière. La mère doit "chercher à développer de la force dans le caractère"(46), éviter tout ce qui peut accroître la sensiblerie: les câlins, les effusions excessives, "la suraffectivité, mère de l'hystérie" . Enfin, à la puberté, moment de tous les dangers, moment capital puisque "la nature commence à la rendre apte à jouer le rôle qui lui est dévolu dans la société, celui de fille, d'épouse et de mère"(47), la jeune fille doit être surveillée avec le plus grand soin. Briquet est finalement serein et confiant dans la famille. Il se moque des médecins qui craignent les effets du piano, il minimise l'influence "des instincts sexuels" qu'il place à "un rang très secondaire" et propose finalement à la jeune fille menacée d'hystérie: "les occupations sérieuses d'une bonne instruction littéraire, les pratiques raisonnables d'une religion éclairée, les travaux manuels et les promenades agréables"(48), tout cela permettant au bout du compte (et après une longue discussion) le mariage.

Les analyses et les propositions de Briquet sont largement reprises même dans les thèses traitant de l'hystérie masculine qui associent toujours une thérapeutique mêlant exercices physiques et intellectuels. En 1875, J. Petit écrit dans sa thèse :"l'éducation sera dirigée de façon à développer harmoniquement (sic) le corps par l'exercice, la gymnastique et l'esprit par des études solides et positives où le jugement ait plus de part que la mémoire et l'imagination." Il ajoute: "On ne saurait trop désirer à cet égard la réalisation des réformes signalées par notre regretté ministre Jules Simon"(49). Jules Simon avait en effet cherché à minimiser le rôle de la mémoire et du bachotage dans l'éducation des garçons, en particulier dans leurs examens, en réduisant le rôle du thème et des vers latins par la promulgation d'une ciculaire en septembre 1872, qui n'eut aucun effet. En 1876, P. R. Paulmier cherche à préserver les jeunes garçons menacés d'hystérie ´des raffinements d'une vie oisive et contemplative, à éloigner d'eux la société des femmes, à les élever si faire se peut, à la campagne, à les habituer à la fatigue, aux promenades, aux voyages"(50). En 1880, L. Jannet demande de tenir "les garçons loin des villes et des femmes"(51) et la même année, H. Paris recopie quasiment les conseils de Briquet. En 1883, P. Laville conseille "d'orner l'esprit de l'enfant et de fortifier sa volonté", de "développer ses forces physiques dès la seconde enfance" car "ce n'est pas seulement arracher ces petits êtres aux maladies du corps et de l'esprit, c'est encore préparer les enfants français à la revanche"(52). En 1884, L. de Casaubon préconise "une nourrice forte et saine habitant la campagne"(53), des promenades et des douches froide (l'hydrothérapie est une constante des traitements). En 1885, P. Peugniez ajoute la gymnastique, l'équitation, l'escrime et la natation(54). Enfin, en 1891, A. Pitres regroupe tous ces traitements autour de trois idées: fortifier le corps, éviter les grandes fatigues intellectuelles, éviter les grandes émotions(55) et en 1900, P. Bézy concentre de même le traitement autour de deux thèmes: développer le corps aux dépens de l'esprit, tenir les enfants avec plus d'énergie que de tendresse(56). Les traitements ne font donc aucune différence entre garçons et filles jusqu'à la seconde enfance et quasiment jusqu'à la puberté. Là tout change. Les femmes ayant pour destin d'être épouses et mères ce qui est répété à satiété, leur instruction ne doit pas dépasser cette ambition. En 1895, Gilles de la Tourette s'insurge contre "la tendance générale à faire des jeunes filles de désagréables bas-bleus" et conseille de supprimer pour elles les examens et concours(57). En 1900, P. Bézy est moins péremptoire mais préconise de "donner une éducation qui n'ait pas pour unique but le diplôme à obtenir ou le pédantisme du bas-bleu"(58). On sait par ailleurs les conflits qui ont eut lieu entre 1880 et 1885 autour de l'accession des femmes à l'externat puis à l'internat.

L'instruction républicaine des femmes : une garantie contre l'hystérie

Dans cette même décennie 1880-1890, les fondateurs de la République construisent un régime où la femme ne doit pas participer à la vie politique ni être ouvrière mais se tenir au coeur du foyer familial pour élever ses enfants, pour libérer son époux de tous les soins du ménage mais aussi pour y faire régner une atmosphère républicaine. Son éducation et son insruction ont essentiellement ce but. Dès 1864, lors d'un débat parlementaire au Corps législatif sur l'instruction primaire, le républicain Jules Simon développe l'argumentation suivante: "On pourrait parler aussi des femmes qui demandent je ne sais quelle égalité politique avec les hommes. A coup sûr, ce n'est pas moi qui veux défendre de pareilles utopies (...) mais ici quand il s'agit de l'instruction primaire, vous me permettez de vous demander quel est le droit des garçons que n'aient pas également les filles?" et il ajoute qu'il "est plus utile, plus nécessaire , plus urgent de donner de l'éducation aux filles qu'aux garçons" car sinon, poursuit-il, elles deviennent ouvrières pour nourrir leurs enfants et conclut par "Eh bien que devons nous souhaiter si nous pensons que le plus grand instrument de la morale, c'est la régénération de la famille? Si nous croyons que ce qu'il y a de plus désirable dans ce pays, c'est de faire en sorte que les enfants soient élevés par leur mère? (...) Nous devons souhaiter que les mères de famille soient instruites, qu'elles puissent donner elles-mêmes l'éducation à leurs enfants (...)"(59). L'idéal républicain est donc de constituer une première génération de femmes ayant une bonne éducation et un bon niveau d'instruction, c'est à dire le niveau de l'école primaire supérieure laïque afin que la génération suivante puisse élever elle-même ses enfants dans une atmosphère tout à la fois scientifique et morale. Elles pourront par ailleurs assurer des métiers convenant à la nature et au rôle de leur sexe, ceux qui touchent à l'enseignement et à la santé pourvu qu'elles n'assument pas de responsablités trop grandes.

Défendant son projet de loi sur l'enseignement secondaire des jeunes filles le 19 janvier 1880, C. Sée est à cet égard très clair puisqu'il affirme que "nous aurons toujours trop peu de sages femmes et assez de docteurs femelles (...) De même que je ne veux pas faire des femmes avocats et que je me soucie médiocrement d'avoir des femmes médecins, je ne suis pas porté, je l'avoue à réclamer les droits politiques des femmes". Mais par ailleurs leur instruction est impérative et nécessaire car si une femme n'est pas éduquée par l'école laïque, c'est "la contradiction et le chaos dans le foyer domestique"(60). La femme restant sous tutelle des congrégations et de l'Eglise, c'est la décadence de la famille et de la France. Pour la République, les femmes devant l'instruction sont bien les égales de l'homme mais c'est une "égalité dans la différence" comme le dit E. Legouvé en 1884, "la seule à laquelle elles puissent aspirer, la seule qu'elles puissent accepter"(61). Dans le domaine de l'égalité civile, les républicains sont tout aussi réactionnaires, l' épouse demeure sous tutelle maritale et la capacité civile des veuves et des "filles majeures" reste inchangée. Aussi les féministes que le nouveau régime républicain avait d'abord enthousiasmées, deviennent critiques sans pour autant former un front commun. 1889 marque l'arrivée d'une nouvelle génération née entre 1845-1855, celle d'Hubertine Auclert, le mouvement féministe se partage alors entre deux tendances, les "féministes radicales" qui veulent "promouvoir l'image d'une *femme nouvelle* prête à bénéficier des acquis de la société moderne et à jouer un rôle fondamental dans la société de demain"(62) et un courant modéré, réformiste qui met en avant des revendications égalitaires, ponctuelles "mais qui ne doivent pas menacer l'équilibre des rapports de sexe"(63). On retrouve ce même partage parmi les médecins-femmes.

A cette même époque, on peut en effet confronter à un discours médical d'hommes, un discours médical de femmes bien ténu cependant encore. Ainsi la première thèse de femme sur l'hystérie est celle d'Hélène Goldspiegel soutenue en octobre 1888, 15 ans après celle de la première femme qui devint médecin(64). Or dans cette thèse placée sous la présidence de Charcot, Hélène Goldspiegel s'en tient à un strict exposé médical. Elle ne fait aucune digression, ni sur les mères, ni sur la famille, ni même sur l'éducation puisqu'elle n'indique pour seuls traitements que l'isolement (ce qui correspond à la position de Charcot), l'hydrothérapie, la gymnastique et l'électrisation statique et galvanique. D'éducation, point(65)!

En revanche, la deuxième thèse, soutenue dix ans plus tard à Bordeaux en 1898 par Melle Georgette Déga s'intitule *Essai sur la cure préventive de l'hystérie féminine par l'éducation*(66). Dans ce travail, G. Déga ne sous-estime cependant ni le rôle de l'hérédité, l'hystérie peut parfois ne venir que de la "grande loi de l'hérédité(67)"écrit-elle , ni l'isolement qui "unifie toutes les causes influant sur le sujet. Il détruit la multiplicité des influences et par conséquent toute occasion de dissociation"(68). Elle n'oublie donc pas l'oeuvre de Charcot mort 5 ans auparavant mais elle sait que ses thèses commencent à être sérieusement et fondamentalement contestées(69). En revanche, son travail renoue d'une certaine façon avec les propositions thérapeutiques de Briquet, elle estime en effet que l'éducation peut dans certains cas être à la fois préventive et curative ce qui la conduit à critiquer l'éducation donnée aux filles, aux filles en général car elle met constamment en parallèle la femme normale et la femme hystérique. Elle reproche d'abord à l'éducation de ne pas apprendre aux femmes à réfléchir, à raisonner, à penser. "On se soucie peu en général de lui créér un état d'esprit varié qui lui permette de comprendre, d'interpréter tout ce qu'elle peut voir et entendre", il faut "empêcher que la femme ne soit une sorte de machine à réflexe et tâcher d'en faire un être intellectuel et pensant" non pas "d'agréables petites choses " mais "des personnes utiles et pensantes"(70). Il faut donc éduquer son attention, éviter "les ouvrages de dames" si longs qu'ils sont propices à la rêverie, donner aux jeunes filles "des idées précises, suivies rapidement, bien qu'après une réflexion suffisante, d'une exécution logique et bien comprise", "multiplier les occasions de penser avec intensité"(71), il faut faire des mathématiques qui conjuguent les qualités d'attention, de synthèse et de raisonnement. A ce titre, G. Déga est en accord avec l'enseignement donné dans les lycées depuis 1882. Les méthodes d'éducation des filles ne doivent pas privilégier la mémoire dans l'acquisition des connaissances mais il est au contraire recommandé de faire appel à l'intelligence et à la réflexion. En 1882, les programmes reposent sur le français, les sciences, une langue vivante et un peu d'histoire et de géographie (donc sans latin ni grec). Deux agrégations sont créees en 1884, l'une pour les lettres, l'autre pour les sciences, en 1894, il en existe quatre plus spécialisées, histoire, lettres, mathématiques et sciences physiques et naturelles. En cette fin de siècle, tout l'enseignement féminin s'est donc élevé même si il demeure différent de celui des garçons. G. Déga quant à elle a suivi un cursus scolaire masculin puisqu'elle devient médecin et elle défend ce type de carrière avec humour. Elle ne prend guère de risques puisque son président de thèse est le Dr Morache qui a défendu l'accès de la médecine aux femmes pourvu qu'elles restent médecins de femmes. "Ce n'est pas à dire, écrit donc G. Déga, que les femmes doivent absolument obtenir des chaires de professeur ou devenir membre de l'Institut, et qu'en dehors de telles situations leur état mental soit compromis. Loin de là. Que celles que leurs facultés intellectuelles autorisent à de telles entreprises s'y lancent sans regrets et sans inquiétudes"(72).

Mais que les autres ne s'inquiètent pas non plus, qu'elles deviennent mères et qu'elles s'occupent de leurs enfants. Et c'est bien là le sujet de sa thèse: l'éducation des enfants par leur mère, le seul et grand rôle de la femme est bien celui d'être mère, "la première tâche pour la femme est l'éducation de sa famille lorsqu' elle en a"(73). A ce titre, l'introduction de sa thèse a les accents d'un discours de J. Ferry ou de C. Sée, "une bonne moitié de l'espèce humaine paraît livrée à une sorte de décadence nerveuse et il n'appartient à personne de l'abandonner à son sort sous prétexte d'hérédité fatale" écrit-elle. Il sera donc question dans son travail "de nos futures mères de famille sur les genoux desquelles doivent se former nos prochaines générations d'honnêtes hommes et d'honnêtes femmes." Puis citant Michelet, elle ajoute "élever une fille, c'est élever la société elle-même. La société procède de la famille dont l'harmonie est la femme". Elle conclut enfin sa thèse par ces mots: "il faut donc à tout prix préparer de bonnes et vigoureuses éducatrices et cela non seulement au nom de la science mais encore et surtout au nom du salut mental et psychique de la Patrie et de l'Humanité"(74). G. Déga paraît convaincue que sauf quelques personnalités exceptionnelles, la masse des femmes est destinée à cette tâche. Tout au long de sa thèse, elle défend vigoureusement le rôle de la mère éducatrice dans la famille. Pour prévenir l'hystérie des petites filles, elle estime en effet qu'il faut privilégier une seule influence dans un seul lieu: celui de la mère dans sa maison. Elle envisage une mère vigoureuse, voire dure, "le malheur est le meilleur bouclier contre la névrose hystérique"(75). Elle accepte toutefois de la sacrifier si le milieu est défavorable, une autre "éducatrice forte" se chargera alors de l'enfant(76). G. Déga n'est donc pas une tendre et elle se sent investie d'une mission, celle de "l'éducation de nos futures mères de famille"(77).

Il existe enfin une troisième thèse féminine de médecine sur l'hystérie, celle que Melle Marie Goldman soutient en 1899. Dans cet ouvrage, *Confusion mentale chez les hystériques,* elle aussi insiste sur le rôle d'une bonne éducation et d'une solide instruction. Les femmes qui ont "un but tracé, intelligentes, énergiques, pleines de volonté, souffrent, luttent mais quoi qu'il en soit, elles y arrivent. Une telle femme ne peut devenir hystérique, écrit-elle(78). Par ailleurs, Marie Goldman est bien plus radicale que Georgette Déga, elle juge qu'il faut "modifier les conditions sociales de la femme, (...) développer ses facultés morales et intellectuelles de telle sorte qu'elle puisse se tracer un but dans des moments critiques et, pleine de fierté, se créer une vie indépendante, ne se décourageant pas au moindre obstacle"(79). Ce jeune médecin est bien seule à tenir un tel discours. Certes, Charcot, Déjerine, Morache et quelques autres ont soutenu les femmes médecins dans leur lutte pour accéder à l'externat puis à l'internat, et ce n'est pas rien, mais ils tiennent à ce que les femmes médecins restent si possible chez elles pour pratiquer leur métier et qu'elles n'y reçoivent que des femmes et des enfants, qu'elles soient là encore d'une certaine manière leurs égales mais non leurs concurrentes.

De toutes façons, en cette fin de siècle, l'hystérie selon Charcot n'est plus vraiment à l'ordre du jour, le maître est mort et ses conceptions sont largement revues et corrigées par son disciple Babinski , les théories de Bernheim et de l'école de Nancy l'emportent. Freud est à Vienne et ses études sur l'hystérie ne sont encore ni comprises, ni entendues en France. La République est fondée, elle a réussi une fois encore à réaffirmer l'universalité des droits de l'homme et à maintenir les femmes dans la sphère privée. Les républicains ont une fois encore fait de l'exclusion des femmes, "la condition de l'existence de la République,"(80). Cependant en réaffirmant l'égalité des droits et en instruisant les femmes, ils avaient donné de nouvelles armes aux femmes et aux féministes qu'on allait pourtant traiter longtemps encore d'hystériques...

1. J. Ferry, *Discours sur l'égalité d'éducation*, salle Molière 10 avril 1870, cité dans A. Prost, *Histoire de l'enseignement en France*, Colin, 1986, p. 268.

2. Et je diffère en cela des conclusions Mark Micale exprimées dans *Charcot and the idea of hysteria in the male: gender, mental science and medical diagnosis in late nineteenth century*, publié dans *Medical History*, 1990, n° 34 p. 410-411. M. Micale pense que la masculinisation de l'hystérie est plutôt un facteur de rapprochement des sexes, qu'elle entre dans un processus de relativisation des genres.

3. J. M. Charcot, *Leçons sur l'hystérie virile*, Paris, Le Sycomore, 1984, p. 179, cité par J. Carroy, "Grande hystérie, convulsions sociales et crise des identités sexuelles", p.127 dans *Neuro-psy*, volume 9, n∞4, avril 1994.

4. *Medical History*, 1990, n∞34, p. 363-411.

5. Pour des analyses plus poussées, cf. article cité de M. Micale, p. 366-370.

6. E. Martinet, *De l'hystérie*, Paris, Parent, 1870.

7. Paris, Parent, sous la présidence du Pr Vulpian.

8. Montpellier, Firmin-Cabirou,1876.

9. O. Lallemant, *Quelques observations d'hystérie chez l'homme*, Paris, Parent, 1877, sous la présidence du Pr See.

10. J. Petit, opus cité, p. 60.

11. Elisée-Samuel Maricourt, *Contribution à l'étude de l'hystérie chez l'homme*, Paris, Chauny, 1877, sous la présidence du Pr Jaccoud.

12. Auguste Klein, *De l'hystérie chez l'homme*, Paris, Devenne, 1880, p. 13, sous la présidence du Pr Hardy.

13. Pierre-Joseph Bitot, *L'hystérie male dans le service de Mr le professeur Pitres à l'hôpital Saint André de Bordeaux, Bordeaux*, Gounouilhou, 1890, p. 143.

14. J. M. Charcot, *Leçons sur l'hystérie virile*, opus cité, p.238.

15. Ibidem, p.280.

16. M. Micale, art. cité, p. 376.

17. Gilles de la Tourette, *Traité clinique et thérapeutique de*

l'hystérie, Paris, Plon, 1891, t. 1, respectivement p. 66, (cité par M. Micale qui ne note pas en revanche la deuxième remarque sur les patients hospitalisés), p. 63.

18. Paris, Doin, 1891, 2 volumes. Le livre est dédié à Charcot et préfacé par lui.

19. Paris, Thèse de médecine, Steinhell, 1890, sous la présidence du Pr Dieulafoy.

20. H. Colin, *Essai sur l'état mental des hystériques*, Paris, 1890, p. 16.

21. Paris, 1884, p. 13. La Pr Brouardel est président .

22. Hélène Goldspiegel, *Contribution à l'étude de l'hystérie chez les enfants*, Paris, 1888, soutenue sous la présidence du Pr Charcot, p.26.

23. Thèse citée, p. 17.

24. Jean-François Brunet, *Contribution à l'étude de l'hystérie infantile, son existence au dessous de l'âge de cinq ans*, Paris, Jouve, 1891, p. 28.

25. J. Conturie, *Sur l'hystérie chez les jeunes garçons*, Paris, Jouve, 1896, p. 17. La thèse est présidée par le Pr Cornil mais on trouve comme juge le Dr Raymond, disciple de Charcot.

26. P. Isnard, *Les manifestations de l'hystérie dans l'enfance*, Montpellier, Boehm, 1896, p.17.

27. P. Bézy avec la collaboration de V. Bibeut , *L'hystérie infantile et juvénile*, Paris, Vigot, 1900.

28. M. Micale écrit *"les femmes hystériques souffrent d'un excès de comportement féminin, les hommes hystériques d'un excès de comportement masculin"*,, art. cité, p. 406. Par ailleurs, je ne suis pas d'accord avec son interprétation puisqu'il pense au contraire que le développement de l'hystérie masculine gomme les différences, relativise les genres.

29. A ce propos, on peut se demander pourquoi il n'y a pas aussi (et dans des proprotions équivalentes) des ouvrières traumatisées de la même façon que les ouvriers.

30. Dr P. Lucas, le titre complet est *Traité philosophique et physiologique de l'hérédité naturelle dans les états de santé et de maladie du système nerveux avec l'application méthodique dans les lois de la procréation au traitement général des affections dont elle est le principe*, Paris, Baillière, t. 1, 1847, t. 2, 1850.

31. M. Micale, art. cité, p. 406.

32. M. P. Agussol, thèse citée.

33. P. Peugniez, thèse citée, p.22.

34. Gilles de la Tourette, opus cité, 1895, t. 2, p. 463.

35. Gilles de la Tourette, *Traité clinique et thérapeutique de l'hystérie*, Paris, Plon, 1895, 2 volumes, t. 2, p. 463.

36. L. A. Dufan-Pêrès, *Considérations générales sur les causes, les phénomènes et le traitement de l'hystérie*, Paris, Didot, 1827, p. 26.

37. Ibidem, p.26.

38. J. L. Brachet, *Traité de l'hystérie*, Paris, Baillière, Lyon, Savy, 1847, p.459.

39. Ibidem, p. 495.

40. Ibidem, p. 509.

41. Ibidem, p. 501, 502 et 505.

42. Dr P. Briquet, opus cité, p.112.

43. Ibidem, p. 605.

44. Ibidem, p.606.

45. Ibidem, p. 606.

46. Ibidem, p. 611 et 607.

47. Ibidem, p.608.

48. Ibidem, p. 611 et 609.

49. J. Petit, thèse citée, p. 66.

50. P. R. Paulmier, *De quelques cas d'hystérie observé chez l'homme*, Paris, Parent, 1876, p.35.

51. Léopold Janet, *De l'hystérie chez l'homme*, Paris, Parent, 1880, p.81.

52. P. Laville, *De l'hérédité, de l'imitation et de l'éducation au point de vue de l'hygiène mentale*, Bordeaux, Favraud, 1883, p. 75 et 81.

53. L. de Casaubon, thèse citée, p. 35.

54. P. Peugniez, thèse citée, p. 169.

55. A. Pitres, *Leçons cliniques sur l'hystérie et l'hypnotisme*, Paris, Doin, 1891, t. 2, p. 58.

56. P. Bézy, opus cité, p. 155.

57. Gilles de la Tourette, opus cité, t. 2, p. 447.

58. P. Bézy, opus cité, p. 154.

59. *L'instruction populaire en France, débats parlementaires au Corps législatif*, Paris, Degorce-Cadot, p.134. 135.

60. *Proposition de loi Camille See sur l'enseignement secondai-*

re des jeunes filles, discours prononcés par C. See, rapporteur de la commission, 19 janvier 1880, Paris, publications législatives, p. 17; 18; 20 et 23.

61. *Lycées et collèges de jeunes filles*, Paris, Cerf, 1884, p. 51.

62. L. Klejman, F. Rochefort, *L'égalité en marche*, Paris, Pressses de la fondation des sciences politiques, des femmes, 1989, p. 88.

63. Ibidem, p. 103.

64. D'après la thèse de Caroline Schulze, *La femme médecin au XIXème siècle*, Paris, Ollier-Henry, 1888.

65. H. Goldspiegel, thèse citée, p. 66.

66. Bordeaux, 1898, sous la présidence du Pr Morache.

67. G. Déga, thèse citée, p. 12.

68. Ibidem, p.65.

69. Voir Sur cette thèse, "le noviciat de l'hystérie selon Georgette Dega" de J. Carroy dans *Psychanalyse à l'université*, janvier 1887, p. 141-152.

70. G. Déga, thèse citée, p. 24 et 72.

71. Ibidem, p.75. 76, p. 81 et p. 49.

72. Ibidem, p. 48.

73. Ibidem, p. 48.

74. Ibidem, p. 14.

75. Ibidem, p. 67.

76. Ibidem, p. 79.

77. Ibidem, p. 96.

78. M. Goldman, *Confusion mentale chez les hystériques*, Paris, Imprimerie de la faculté de médecine, 1899, p.14. La présidence était dévolue au Pr Raymond.

79. Ibidem, p. 44; 45.

80. M. Riot-Sarcey, "Lieux de femmes dans l'espace public" dans *Histoire et société contemporaine*, Lausanne 1992, p. 122.

Figures de l'Hystérie dans l'art moderne, du symbolisme au surréalisme*

Jean Clair

En mars 1928, le numéro II de la Révolution surréaliste, célébrait le cinquantenaire de l'hystérie. Qualifiée par Louis Aragon et André Breton de "*plus grande découverte poétique du XIXème siècle*", elle était exaltée comme "*un moyen suprême d'expression*".

Dans les textes qui établissent alors l'esthétique du surréalisme, deux mots-clefs reviennent avec insistance. Le premier est celui de *convulsion,* utilisé dans le slogan qui apparaît à la fin de *Nadja* - et qui réapparaît à maintes reprises dans les écrits de Breton: "La beauté sera convulsive ou ne sera pas". Le second concept, qui cette année là se diffuse, et dont on connait la fortune, sera celui d'*automatisme.* Né dans la période des sommeils hypnotiques, en 1922, quand Desnos, Crevel et Péret, "parlent, rédigent, dessinent en véritables automates, animés d'une frénésie prophétique" il est théorisé dans le *Premier manifeste,* et devient une sorte de nouvelle règle, un "Laocoon" de l'esprit moderne.

Convulsion d'un côté, érotisation ou éréthisme de l'acte créateur, automatisme verbal de l'autre, sommeil induit par hypnose et phénomène de prophétisme: d'emblée, Charcot d'un côté, et la Salpêtrière, Pierre Janet de l'autre sont convoqués dans ce qui demeure un des plus importants mouvements de ce siècle.

Or le surréalisme, bien plus qu'une innovation, une porte d'entrée à la modernité apparaît plutôt, vu sous l'examen du

---

*Thèmes exposés lors de la Conférence à l'Institut Courtauld le 12 décembre 1995.

rapport à ses sources, comme un terminus, la conclusion d'une longue histoire de plus d'un demi-siècle qui se confondrait en effet avec l'histoire de l'hystérie, entre 1880, moment du symbolisme naissant, et 1930, moment des retombées surréalistes.

Nombre d'œuvres du surréalisme seront directement ou indirectement inspirées par l'iconographie de la Salpêtrière telle qu'elle se développe dans les années 1880 et en particulier le fameux montage photographique de Salvador Dali, *Le phénomène de l'extase* de 1933, où les images "hystériques" de la jouissance sexuelle, de la jouissance érotique, sont associées dans le collage à une cascade de petites oreilles qui sont, en fait, puisées dans le grand tableau synoptique qu'à la même époque Bertillon avait établi pour fixer les bases de son anthropologie criminelle.

Notons également qu'à la même époque un historien de l'art, Morelli, allait poser les bases du petit détail, du petit indice critique, en particulier la forme des oreilles, pour établir le principe de l'authentification des tableaux, des œuvres d'art.

Sigmund Freud dans son essai sur *Le Moïse de Michel Ange* allait se souvenir de la méthode de Morelli, lui, en y voyant une espèce de prémice de la méthode psychanalytique, attachée à ce genre de détail.

On pourrait trouver un autre exemple chez le surréaliste Maurice Heine, *Le phénomène de l'extase*, de 1928. D'autres encore tirés du cinéma, - et l'on sait à quel point le cinéma, un certain cinéma, jouera un rôle dans le développement de l'esthétique surréaliste - en particulier ces photogrammes que j'ai tirés du film de Dreyer, *Vampyr*. Ou bien celui d'un autre héros du Panthéon surréaliste, qui n'est autre que Louis Feuillade, mais dans un film peu connu ou moins connu que la série des *Fantômas*, ou que la série de *Musidora*, un "serial" qui s'appelle *Tih Minh*. Tih Minh est le nom d'une héroïne, une jeune Annamite, à qui il arrive mille aventures. Douée d'un corps souple, particulièrement élastique, particulièrement apte aux contorsions et convulsions, Tih Minh est entraînée dans un scénario abracadabrant. Elle se retrouve à maintes reprises enchaînée, ligotée et enfermée dans des coffres. A chaque fois, elle réussit à s'en libérer - un peu comme *Musidora* plus tard - et l'un des épisodes de ce feuilleton la précipite au sein d'un hôpital de fous, de folles plutôt, qui n'est autre que l'Hôpital de la Salpêtrière, où l'on assiste à une étonnante sarabande offrant tout un catalogue de postures hystériques.

Beaucoup plus connu que le film de Feuillade, le film de Bunuel, *Le chien andalou*, avec la séquence bien connue du héros en proie à une crise qui n'est pas une crise d'hystérie mais carrément une crise d'épilepsie : regard révulsé, le blanc de l'oeil seul visible, et la bave qui sort de la bouche comme si, lorsque l'hystérie frappait l'homme et non plus la femme, la jouissance hystérique se transformait carrément en épisode épileptoïde, marquée par l'épouvante et l'effroi.

Venons en donc au fameux tableau synoptique de la grande attaque d'hystérie, de l' *hysteria major* telle que Richer, dans l'*Iconographie de la Salpêtrière* en recueille les diverses phases en 1881, c'est-à-dire cinq ans avant le manifeste du Symbolisme de Jean Moréas. Je cite cela pour montrer la coïncidence entre l'histoire des idées et l'histoire des formes dans le développement de la psychiatrie. Je signale également que c'est en 1887, six ans plus tard, que *l'Iconographie de la Salpêtrière* commencera d'apparaître avec des photos au collodion humide qui lui assureront une diffusion extrêmement rapide dans des milieux extra-hospitaliers et extra-médicaux.

Rappelons donc brièvement les quatre grandes phases qui caractérisent, selon Richet et Charcot, l'attaque d'hystérie, les prémices caractérisés chez la femme en tout cas par la douleur ovarienne et par ce que Charcot appelle l'*aura hysterica*, on y reviendra. Puis la phase épileptoïde, la période du tétanisme, caractérisée par la rigidité musculaire et par la phase des cris et des convulsions. Vient la période la plus connue, la plus spectaculaire, que Charcot appelle la période du "clownisme" durant laquelle le corps se courbe en un grand arc de cercle, dite également par Charcot la période "clonique". Enfin la crise se termine par des phénomènes les plus étonnants de la grande hystérie, qui sont les attitudes passionnelles, les attitudes d'extase, les gesticulations qui miment la passion, l'effroi, la haine ou le ravissement.

Le problème de méthodologie qui se pose pour l'historien d'art ou pour l'historien des idées, c'est bien de savoir ce qui est le modèle *originaire*. Est-ce que c'est la science naissante de la psychiatrie (le terme apparaît en 1801) qui fournit de nouveaux modèles à l'art, et qui infléchit l'iconographie traditionnelle des Beaux-Arts, ou bien est-ce l'iconographie classique qui fournit une sorte de répertoire incroyablement riche dans lequel la classification naissante des maladies mentales va puiser ses modèles pour essayer d'en traduire une espèce de "tableau" - c'est le mot qu'utilise précisément Charcot - tableau d'un phénomène totalement incompréhensible par ailleurs qui serait cette grande attaque hystérique ?

Est-ce que c'est la nosologie naissante de la maladie mentale qui trouve ses indices et ses critères dans le matériel iconographique des artistes -le mot "artiste" dans son acception moderne apparaît en 1803 , ou bien, est-ce le matériel traditionnel de l'histoire de l'art qui, à partir de 1880 / 1885, va être informé, modifié, altéré par les nouvelles classifications de la psychiatrie ? Ce dialogue, où il s'agit de savoir qui influence qui, qui est le modèle de qui, dans le domaine de la physionomie, et plus particulièrement de la physiognomonie, se déroule déjà depuis plus de deux siècles et demi, si l'on remonte entre autres jusqu'à Le Brun et à ses *Conférences sur l'expression* des passions de 1667. On pourrait poser le problème de savoir comment ce dialogue va se continuer à partir du milieu du XIXème siècle, à partir du romantisme jusqu'au début du XXème siècle, donc pendant plus d'un siècle. En particulier que se passe-t-il entre, par exemple, l'expression de terreur et d'effroi qui se fige sur le visage de l'autoportrait de Courbet Le *Désespéré* de 1844, et ce qui se passe cinquante ans plus tard dans *Le Cri* d'Edvard Munch, de 1893 ?

Je serais tenté là évidemment de commencer avec les premières tentatives de classification "scientifique" de typologie des expressions. En Angleterre particulièrement, Charles Bell en 1866, publie *The Anatomy and Philosophy of expressions*, mais on oublie, en général, de citer la seconde moitié de son intitulé: *The Anatomy and Philosophy of expressions "as connected with the Fine Arts"*, rétablissant ainsi le lien avec le substrat d'origine artistique, esthétique. Le livre connaîtra trois éditions. La troisième édition paraîtra en 1844, l'année où Courbet peint l'extraordinaire autoportrait que j'ai nommé. L'enseignement de Charles Bell sera repris par Charles Darwin en 1877 dans *The expression of the emotions in men and animals,* c'est-à-dire quatre ans avant le grand tableau synoptique de Richer de la Salpêtrière. Mais Darwin lui-même reprenait un ouvrage qui était paru entre-temps, entre Charles Bell et lui-même, celui de Duchenne de Boulogne, publié en 1862, qui s'appelle *Les mécanismes de la physionomie humaine,* dont la rigueur scientifique prétendait fonder en raison les grands exemples de la pathognomonie tirés de la statuaire antique, comme la tête du Laocoon.

Ce que je vais faire maintenant, c'est précisément passer en revue les quatre grandes phases de l'attaque hystérique selon le tableau synoptique de Charcot et Richer de façon à voir comment cette nouvelle iconographie a pu influencer l'art qui s'élabore à la même époque, ou bien, au contraire, si c'est l'art qui a influencé subrepticement la classification de Charcot.

Charcot lui-même propose comme point de départ de son étude un certain nombre d'œuvres tirées du Musée imaginaire, en particulier la fameuse figure de *La Possédée* de Rubens (Musée de Vienne) et on peut effectivement ensuite, faire défiler un certain nombre d'œuvres contemporaines ou postérieures à Charcot, par exemple une tête d'Auguste Rodin en train de crier. Ou bien encore, montrer qu'il existe un rapport plus qu'étroit, troublant, entre la figure hallucinée d'une photo par Paul Régnard, figure de l'angoisse, tirée de l'iconographie de la Salpêtrière et, par exemple, telle gravure de Max Klinger tirée de *Untergang (Le naufrage*) en 1884. Ou bien encore, avec l'autoportrait de Spilliaert de 1908, à nouveau portrait halluciné, portrait probablement peint sous l'influence des drogues de la même façon que Charcot expérimentait les drogues sur ses patientes, mais également portrait qui évoque dans ses miroirs, ses pendules, l'univers baudelairien de la chambre double ou de la chambre de Mallarmé, tout comme le climat d'épouvante ou d'effroi du *Portrait de Dorian Gray d'Oscar Wilde* ou encore certains contes d'Edgar Poe.

C'est à la même époque, au début du siècle donc, en 1907 avec l'ouvrage de Paul Réjà , *L'Art chez les fous,* que l'on commence précisément à s'intéresser aux productions que l'on appellera plus tard psychopathologiques, l'art des malades mentaux. La première grande collection qui se constituera après celle de Réjà sera celle de Prinzhorn, la collection d'Heidelberg, d'où est tiré un autre autoportrait de Franz Pohl de 1919 qui s'appelle *Das Selbst (Le Moi)*. Et on pourrait continuer cette iconographie du cri, cette iconographie de la terreur et de l'épouvante, jusqu'à Francis Bacon avec évidemment ce monstre tiré du fameux triptyque de 1944 et, pourquoi pas, aller jusqu'à Stanley Kubrick avec son *Shining* de 1980.

Toujours à propos de méthodologie et d'influence, entre le système des beaux-arts d'un côté et les méthodes de la psychiatrie naissante de l'autre, à propos de l'histoire des idées, on pourrait évoquer ce qu'il en est de l'image de la femme vers ces années 1880, de la figure de la femme dans l'iconographie du Symbolisme et en particulier remarquer à quel point s'opposent deux figures quasiment inconciliables. D'une part, la femme "fatale" du Symbolisme, la femme à la sexualité mauvaise, la femme maléfique, telle qu'elle est tirée de l'enseignement de la philosophie de Schopenhauer, la femme animale, la femme bestiale, la sphinge, la femme castratrice dont toutes les diverses figures de Salomé, de Judith ou de Méduse offrent l'incarnation, "la belle dame sans merci" dont on trouve tellement de représentations par exemple chez Klimt et chez Munch et dont on pourrait trouver peut-être le prototype dans le personnage de Baudelaire de *Mademoiselle Bistouri;* et puis d'autre part, tout à fait à l'opposé, la femme fleur, la femme liane, la femme soumise, la femme pâmée, non plus la demoiselle sans merci mais la femme élue, Mélisande et non plus Mélusine, la jeune vierge chaste de la *fine amor* médiévale, l'amour courtois, la créature abandonnée, livrée aux chevaliers à la figure mâle et dominante comme on le voit ici dans ce tableau de Jan Preisler, *Le Chevalier aventureux,* entouré de son parterre de jeunes filles en fleurs.

Eh bien, cette antithèse, cette double articulation de la figure de la femme, on la retrouve évidemment dans l'attitude fondamentale de la femme hystérique et de son rapport au maître supposé savoir qui la domine, à la figure du professeur et du médecin mais également dans beaucoup d'images de cette fin de siècle. Par exemple à nouveau dans une gravure-de Klinger tirée d'*Ein Leben (Une vie)* qui s'appelle *Captive*, de 1884, où le corps nu et blanc de la femme allongée au milieu de l'assemblée des hommes en noir et chapeau haut de forme semble être une transposition esthétique de cette photographie très étonnante du maître supposé savoir, le médecin, tenant dans ses bras la patiente, photographie tirée de *l'Iconographie de la Salpêtrière* de 1882.

C'est la même image que l'on retrouve dans le fameux tableau de Brouillet de 1887, *La leçon de Charcot à la Salpêtrière*, mais au fond l'attitude abandonnée de Blanche Wittman entre les bras de l'assistant de Charcot, Babinski, et sous l'oeil du maître, pose qui répète ce qu'elle voit sur le tableau qui se trouve dans l'angle supérieur gauche au fond de l'amphithéâtre, ne reprend-elle pas une iconographie très ancienne, celle en particulier des grandes pâmoisons baroques, par exemple comme dans le tableau de Sebastiano Ricci, *L'extase de Sainte Thérèse*, abandonnée elle aussi entre les bras d'un saint et sous l'oeil d'une créature du monde supérieur ? C'est sans doute Gustave Moreau qui fournira les images les plus saisissantes de ce rapport du maître et de l'hystérique, ce rapport de la vierge folle à l'époux infernal, de la créature au créateur, de Coppélia à Coppélius, de la marionnette au montreur d'ombres, où se rejoue peut-être la scène de la séduction originaire, le trauma initial, le don absolu du narcissisme hystérique, comme se jouait le drame répété de Blanche Wittman envers son maître Charcot.

On le voit, par exemple, dans les deux tableaux de Gustave Moreau, *Jupiter et Sémélé* de 1894 ou encore dans *L'apparition* de 1876, Salomé face à la tête de Iokanâan. Ce n'est pas par hasard que cette œuvre sera décrite par Huysmans dans son roman *A Rebours* : "déité symbolique de l'indestructible luxure, la déesse de l'immortelle Hystérie" avec un H majuscule, "*la beauté maudite élue entre toutes par la catalepsie qui lui raidit les chairs et durcit les muscles*".

Passons donc sur cette double image, sinon cette image duplice, de la femme, et arrivons-en maintenant au second épisode de l'attaque hystérique, celui de la pose du tétanisme, caractérisée par la posture du corps contracté, replié sur lui-même et, en particulier, des mains complètement repliées, retournées comme galvanisées.

Charcot ira jusqu'à vouloir, dans son musée d'anatomopathologie, prendre les empreintes par des moules en plâtre, réalisés sur le vif au moment de la phase de contracture, de la tétanisation des membres, comme s'il avait voulu réaliser le fantasme profond de saisir ce moment fixe dans la contorsion ou dans la convulsion, le moment sculptural d'une motricité totalement débridée, comme s'il s'était agi de couler une statue de douleur vive. Il ne reste pratiquement rien de ce musée d'anatomopathologie. Les images qui en gardent le souvenir, évoquent avec une singulière force ces sculptures que Rodin exactement à la même époque sous le nom d'"abattis", va mouler en plâtre : mains tétanisées, convulsées, repliées sur elles-même et qui signent en quelque sorte le galvanisme très singulier d'une époque.

Les domaines du dessin, de la gravure et de la peinture sont riches en représentations de ces moments de tétanisme, en général liés dans cette iconographie à l'état de puberté, d'initiation, d'éveil à la sexualité, comme par exemple dans une gravure de Félicien Rops, *Les Diaboliques* de 1881, *Le plus bel amour de Don Juan* où la jeune fille à peine nubile est repliée sur elle-même dans une attitude d'autarcie, tétanisée, de la même façon que dans la fameuse lithographie de Munch *Puberté* de 1894.

En dehors de cela, c'est tout un galvanisme des mains, des bras, des membres, toute une contracture particulière à l'époque, des postures tétanisées des doigts par exemple, que l'on retrouve dans les figures de Klimt, Les *Serpents d'eau* de 1904 ou encore sa *Judith* de 1909, tout comme dans ces corps crispés, convulsés qui sont ceux des femmes.

Mais l'hystérie, comme Charcot lui-même l'affirmera, n'est pas un phénomène uniquement féminin. Il démontrera qu'il existe des cas plus rares, mais néanmoins prouvés d'hystérie masculine. Pourquoi, à ce moment là, ne pas rapprocher les exemples qu'il donne, de certaines représentations masculines, par exemple d'Egon Schiele dans son *Autoportrait aux doigts écartés* de 1901, ou encore d'un autre *Autoportrait* convulsé de 1910 et peut-être, terminus de l'expressionnisme, de la fameuse affiche de Kokoschka, *Assassin, espoir des femmes* de 1908 où se trouve le même galvanisme ?

Si l'on passe maintenant à la troisième phase, la phase la plus connue, la plus célébrée, la phase du clonisme ou du grand arc de cercle de *l'hysteria major*, il existe un sculpteur, Jacques Loysel, qui en 1896, donc une dizaine d'années après le tableau de Brouillet, taillera sur le vif, d'après nature, à l'hôpital, la sculpture d'une femme prise de la contracture de l'arc de cercle, qu'il appellera *La grande névrose* et qui sera décrite par Jean Lorrain comme un "spasme de marbre".

Mais là encore, on peut se poser le problème de savoir qui influence qui, qui est le modèle de qui. Est-ce Jacques Loysel qui réalise son "spasme de marbre"d'après le modèle fourni par Charcot, ou bien est-ce au contraire Charcot qui serait allé puiser dans un répertoire déjà bien connu de l'iconographie statuaire, en particulier la fameuse sculpture de Clésinger, *La femme piquée par un serpent*, qui n'est autre que la Présidente de Charles Baudelaire, statue de 1847 où se retrouve déjà la fameuse "convulsion" ?

Là aussi il est assez aisé de retrouver dans la gravure de l'époque la représentation de ce grand arc hystérique. Il existe, de Félicien Rops, une gravure tirée des *Diaboliques* , cette fois-ci *A un dîner d'athées*, puis à nouveau par Max Klinger, *Une vie*, cette femme courbée en arc de cercle tirée de *Finis*, de 1884.

L'exemple le plus saisissant, sans doute aussi le plus directement influencé par la clinique de Charcot, se rencontre dans le tableau de Giovanni Segantini, *Les mauvaises mères*, appelé aussi *Le châtiment des luxurieuses*. Segantini, vous le savez, était un peintre post-impressioniste, symboliste, originaire du Tessin. C'est un mélancolique profond, on dirait aujourd'hui un "maniaco-dépressif", et son cas, précisément, a été étudié par le psychanalyste Karl Abraham. Segantini, dans *Les mauvaises mères*, illustre l'iconographie qu'il prétend tirer d'un pseudo-poème bouddhique, narrant le châtiment des femmes qui ne se sont pas pliées à leur destin de mères, mais qui se sont livrées à une sexualité dépourvue de finalité, et qui sont donc destinées à mourir de froid sur les hauteurs glacées des hauts plateaux de l'Engadine, figées sur un arbre mort, symbole de la stérilité, et dans une posture qui évidemment rappelle celle de la grande attaque hystérique de Charcot, liée elle aussi à une "mauvaise vie" génitale.

Une autre image tout aussi singulière et tout aussi directement liée à l'iconographie médicale de l'hystérie est celle que Klimt va utiliser dans la grande fresque de *La médecine* qu'il destinait à la faculté de médecine de l'université de Vienne, fresque qui sera détruite dans les bombardements de 1944, mais dont il subsiste une grande esquisse et quelques photos qui permettent de voir à quel point la figure centrale d'une femme nue reprend celle de Blanche Wittman dans les bras de Babinski, dans l'œuvre de Brouillet.

On pourrait continuer ainsi jusqu'à l'époque actuelle, par exemple dans cette magnifique photo, également d'origine symboliste, de Drtikol de 1920, en rappelant que l'hystérie frappait les hommes. Il y a des cas d'hystérie masculine, comme on pourrait en trouver des exemples chez Egon Schiele et bien entendu, tout près de nous, chez Louise Bourgeois qui en 1993, réalise une sculpture, un environnement plus exactement, qu'elle appelle *Arch of Hysteria* avec comme modèle son propre assistant, dont elle fait un moulage du corps. Dans la version qu'elle présentera à la Biennale de Venise en 1995, l'environnement est entouré par des miroirs, de grands miroirs circulaires, qui évoquent les miroirs de sorcières et qui rappellent aussi que le grand arc hystérique, dans l'iconographie de Charcot, est lié à la possession démoniaque, à l'ensorcellement, au monde de la magie et de l'envoûtement.

Un exemple encore contemporain est celui du photographe tchèque Jan Saudek dans la suite de photos qui s'appelle *Désirs*.

Avec les attitudes passionnelles de la dernière période caractérisant la phase terminale de l'attaque hystérique, on aborde les zones les plus étonnantes et les plus inquiétantes de cette nosologie hystérique définie par Charcot, en particulier dans ces phénomènes para-mystiques ou extatiques dont ses patientes auraient été la proie. Le symbolisme fin de siècle est riche en paraphrases et en représentations des phénomènes extatiques, mystiques, y compris sous les formes les plus extrêmes.

Une photo de Drtikol de 1914, sur le thème de la crucifixion en l'occurrence féminine cette fois, en témoigne, mais beaucoup d'autres exemples pourraient être trouvés tout aussi scabreux , et, bien évidemment on pourrait aligner de nombreux exemples d'œuvres qui sont, en quelque sorte, *border line,* à la limite de la folie, de la folie mystique, en particulier chez ces artistes de la fin du siècle dont certains sombrent dans la folie, par exemple Ernst Josephson, qui devient schizophrène à partir de 1880, une schizophrénie qui se caractérisera par une production à coloration très puissamment mystique. Je ne parle pas de Munch, de Hill, il y en a beaucoup d'exemples. Moins connu mais très saisissant, celui du photographe Holland Day qui s'auto-représentera en Christ, comme en une espèce de volonté d'"imitation de la vie du Christ" par le biais du médium photographique. Il se représentera lui-même en crucifié, s'auto-crucifiera et se photographiera crucifié. Parmi tous les exemples, le plus étonnant est sans doute cette série d'autoportraits qui le représentent prononçant les sept dernières paroles du Christ sur la croix. Les photos sont de 1898, donc toujours dans la même décennie d'après Charcot.

Cette vague, cette vogue de délires mystiques s'accompagne également d'une vogue pour les manifestations spirites, pour le dialogue avec l'au-delà, pour la volonté de faire parler les morts à travers les tables tournantes ou d'autres expérimentations. La photographie ici joue un rôle majeur en tant qu'on lui attribue la faculté, le pouvoir de révéler, par les propriétés chimiques de la plaque sensible des rayonnements invisibles. Rappelons que c'est en 1895 que les rayons X sont inventés et accréditent l'idée qu'il existe dans l'univers des rayonnements obscurs à l'oeil nu mais qui peuvent impressionner certains révélateurs, donc se dévoiler à nos yeux. La photographie sera donc utilisée pour faire la preuve des manifestations occultes, la présence de fantômes, des spectres, où la manifestation de halos ou de lueurs accompagnent des états psychiques particuliers.

L'une des plus étonnantes de ces photos est celle de Madame Pribikov de 1881, photo spirite d'un médium qui fut reproduite dans un article de Strindberg. Strindberg croyait au spiritisme, et la photo illustrait un de ses articles *Sciences occultes*, dans "La Revue des Revues" en 1886, c'est-à-dire, encore une fois, au moment même où Charcot diffusait son *Iconographie de la Salpêtrière.*

C'est en effet dans les cercles de la Salpêtrière et dans les cercles médicaux autour de Charcot qu'on va s'intéresser à la possibilité, grâce à la photographie, d'enregistrer par la plaque photographique les effluves invisibles qui se dégageraient du corps des patients en proie à une crise hystérique en particulier au moment du prodrome, cela pour visualiser ce que Charcot lui-même appelle l'*aura hysterica,* cette espèce de halo invisible, ce souffle lumineux mais invisible aux yeux, qui traverserait le corps au moment où celui-ci se trouve, ou va se trouver plongé dans une crise dont une fois encore, le modèle est la crise d'épilepsie.

Donc cette possibilité qu'aurait la photographie d'enregistrer ces effluves invisibles qui seraient au fond comme les lumières de l'âme, la *vera icona,* la véronique de la psyché invisible, au même moment où, à Turin, en 1893, on prend la première photographie du Saint Suaire, un certain nombre de médecins encore, en particulier les docteurs Luys et Baraduc à l'Hôpital de la Charité, vont s'employer à l'utiliser. C'est ainsi qu'Hyppolite Baraduc en 1896, autrement dit un an après l'invention des rayons X publiera un ouvrage intitulé *L'âme humaine, ses mouvements, ses lumières et l'iconographie de l'invisible fluidique.* Une année auparavant, le Colonel de Rochas, en 1895, avait publié son ouvrage, *L'extériorisation de la sensibilité,* où il montre les halos, les cercles, les nimbes, les auras qui entoureraient le corps d'un sujet hystérisé. Il est intéressant de remarquer au bas de la photographie que le croquis a été exécuté "d'après une photographie prise par Albert L" et Albert L n'est autre qu'Albert Londe, le photographe qui opérait pour l'iconographie de la Salpêtrière.

Ce phénomène de halo, d'effluves, d'émanations, de corps fluidiques, d'*aura hysterica,* de corps en proie à des émotions violentes, en particulier à des émotions érotiques, on le trouve à foison dans l'art symboliste du temps, chez Munch dans *Le Baiser*, entre autres, mais on pourrait multiplier les exemples chez lui de ces phénomènes de halo.

On allait même jusqu'à vouloir photographier les rêves en posant une plaque photographique au-dessus du front d'une femme endormie. Les voiles que l'on distinguait sur la plaque développée étaient supposés être produits par la pensée même du sujet plongé dans la passe hypnotique.

Toute cette iconographie fantasmagorique aura une grande influence encore une fois sur la peinture qui s'élabore alors, volonté d'un art qui irait au-delà des apparences du monde visible, une peinture "non rétinienne" comme dira Marcel Duchamp, une peinture non naturaliste dont l'artiste serait le "médium", une peinture véritablement des effluves invisibles du corps. On peut voir en particulier à quel point le portrait par Duchamp du *Docteur Dumouchel*, en 1910, se souvient de l'iconographie publiée par le Colonel de Rochas, se fondant sur les expériences du Docteur Luys à l'Hôpital de la Charité en 1895. De la même façon dans *Le Buisson* de Marcel Duchamp, en 1910, une scène d'initiation sexuelle qui se déroule à l'intérieur d'un halo évoquant les expériences menées par les milieux médicaux de l'époque sur des sujets hypnotisés ou hystérisés. Ce phénomène de halo on peut le retrouver un peu partout. Par exemple chez Spilliaert, *Femme en contre-jour*.

C'est également l'époque où les théories spirites, occultistes, théosophiques sont développées par Leadbeater et Annie Besant, en particulier dans l'ouvrage de Leadbeater, *L'homme visible et invisible*, qui publie littéralement des chartes de ces halos, de ces effluves, de ces nimbes se dégageant du corps de l'homme dans ses différents états, selon qu'il est calme ou agité. Kupka, Kandinsky, se souviendront de toute cette iconographie qui est à la base de la naissance de l'abstraction.

J'ai parlé à diverses reprises d'hypnose. L'hypnose est effectivement un moyen, parallèlement aux recherches de Charcot, un moyen qui est utilisé à l'Hôpital de la Charité précisément pour mettre en suspension cataleptique, les agités, malades mentaux, ou les gens souffrant d'hystérie, et ces phénomènes d'hypnose seront provoqués, selon les expériences du Docteur Luys par des espèces d'agressions visuelles ou auditives, pratiquées sur le corps des malheureuses patientes. En particulier on soumettra ces pauvres créatures à l'éclair du flash de magnésium, après les avoir tenues isolées dans le noir absolu. Ou bien encore on leur fera subir une tympanisation, c'est à dire un choc sonore très violent provoqué par un tam-tam, un gong, un diapason ou l'explosion d'une charge de fulmicoton, après quoi ces malheureuses tombaient en catalepsie, figées dans l'état où le choc les avait saisies. Moreau de Tours représentera ainsi ce qui appelle *Les Fascinées de la Charité* en proie à l'éblouissement visuel d'un miroir aux alouettes, et se multiplient à cette époque, entre 1887 et 1895, les représentations de séances hypnotiques où la patiente est soumise à la volonté d'un hypnotiseur qui la plonge dans le sommeil hypnotique ou cataleptique.

Ainsi un dessin de Moritz Coschell dont le sujet est une séance hypnotique tirée de la pièce de Schnitzler, *Anatol*, mais également quelques illustrations assez curieuses de la façon dont les photographes reprendront cette iconographie à leur compte : des photographies de Robert Demachy, photographe pictorialiste fort connu à l'époque, et qui fait mimer par une femme diverses expressions prises sous hypnose, d'une part "la joie" et d'autre part "la peur".

Or, ce qu'il est intéressant de remarquer, c'est que tout l'art fin de siècle, sous le nom un peu rapide d'arts décoratifs, développe tout un ensemble de procédés que l'on pourrait appeler des mécanismes de fascination, mécanismes de captation du regard, mécanismes quasiment d'hypnose et de fascination du regard qui rappellent étonnamment les procédés utilisés par les médecins de l'Hopital de la Charité. On le voit, par exemple, dans le tableau de Signac, *Le portrait de Fénéon*, ou encore dans cette étonnante composition soi-disant décorative mais elle est beaucoup plus que cela, de Klimt, *L'attente* au Palais Stoclet. Et on pourrait analyser au fond toute la morphologie de l'art fin de siècle, en particulier de ces volutes, de ces arabesques dans lesquelles le corps de l'individu se dissout ou finit par s'immobiliser, par se prendre, comme une espèce de transposition esthétique des techniques d'emprise du psychisme, mises en œuvre dans les services hospitaliers de l'époque et divulguées par les revues médicales.

On pourrait très bien les repérer chez des artistes comme Edvard Munch ou Félicien Rops, Kubin et Spilliaert à nouveau, dans cette espèce de figure qui s'abolit dans le miroitement liquide de la mer; ou encore chez Bruno Lilljefors dans ses *Canards le soir en Suède* où la surface de l'eau ressemble à une espèce de tapis oriental dans lequel se fond la silhouette des animaux. On pourrait ici rappeler que Lilljefors avait suivi l'enseignement de Darwin, et, en particulier, avait retenu de cet enseignement les phénomènes du mimétisme et du camouflage dans le monde animal.

De la même façon dans une peinture de Jan Ferdinand Willemsen, *Après la tempête*, de 1905, on voit pour la première fois peut-être, la représentation d'un soleil à son éclat maximum. Cette espèce de solarisation, d'éblouissement du regard semble provoquer chez les deux figures du tableau une gestuelle qui relève de la gestuelle de la catalepsie observée chez les patients du Docteur Luys à la Charité.

Mais c'est au fond tout l'art de l'expressionnisme et du symbolisme qu'on pourrait analyser, étudier sous l'angle de ce rapport à la clinique de son époque, par exemple *Le regard rouge* de Schoenberg, ou la représentation de *La Haine* chez Schoenberg. On pourrait également rappeler que, dans le futurisme, les sources iconographiques ne sont pas à chercher uniquement du côté de la science et en particulier de la chronophotographie d'Etienne-Jules Marey ou de Muybridge, mais également - par exemple, et très évidemment dans *Les Etats d'âme* de Boccioni de 1911 - et dans toute une série des représentations, de figurations des états psychiques tels que le spiritisme, l'occultisme ou les expériences sur l'hystérie et la catalepsie de Charcot et de Luys en diffusent la représentation. Encore une fois, cette espèce de galvanisme, d'ondulations, de représentations d'univers vibratoires dans lequel l'individu est absorbé, englouti, on la retrouve également chez Kubin.

Mais après tout on la retrouve tout aussi bien dans la figure emblématique de la fin du siècle dans le mouvement déchaîné d'un corps en proie à l'ivresse de la danse qui est évidemment la figure paradigmatique de la *Loïe Fuller*. Et sans doute n'est-ce pas un hasard si quarante ans après les danses de la Loïe Fuller, Man Ray prend, en 1934, la photo instantanée d'une danseuse frénétique qu'il appelera *Explosante fixe*, en se référant précisément au terme utilisé par André Breton pour caractériser cette beauté nouvelle qu'il appelle "convulsive" lorsque à la fin de *Nadja*, il parle de "la beauté érotique voilée, explosante fixe, la beauté (qui) sera convulsive ou (qui) ne sera pas.".

Pour conclure, je poserai encore une fois le problème que je posais au début de cet exposé, c'est à dire le problème du modèle. Est-ce l'Art qui sert de modèle à la Science ? Est-ce que Charcot, Luys ou les autres élaborent une typologie de la psyché d'après une iconographie dont ils repèrent les traits saillants dans le répertoire des œuvres des musées ou bien est-ce la science qui sert de modèle à l'art ? Est-ce la nouvelle typologie scientifique qui fournit désormais les nouveaux *exempla* dont se servira la nouvelle figuration, du symbolisme jusqu'au surréalisme ? Est-ce que c'est Füssli qui s'inspire de la psychiatrie naissante lorsqu'il trace la physiognomonie du visage de *La folie de Kathe* en 1806 ou bien la gestuelle de *Lady Macbeth en somnambule* en 1781, ou bien est-ce que c'est au contraire Georget ou Darwin qui s'inspireront de ces iconographies singulières pour imaginer leur future classification ?

Lorsque l'on regarde la série des dessins que réalise Carlos Schwabe en 1906 de *La vague*, sur le poème de Lamennais, on est à peu près certain que les physiognomonies qu'il élabore lui sont directement inspirées par l'iconographie de la Salpêtrière. De la même façon, on pourrait dire, et en particulier de la gestualité, de la théâtralité qu'un Régnard met en scène dans son iconographie de la Salpêtrière, dans les suggestions théâtrales qu'il impose à ses dociles, trop dociles patientes, qu'elles lui sont inspirées par la peinture ou la sculpture. Mais on observerait de ce point de vue-là toute une filiation physiognomonique, en particulier en Autriche, de Gall à Lavater et au théâtre autrichien, qui se continuera, pourquoi pas ? chez un attardé de la physiognomonie du XXème siècle qui n'est autre qu'un certain Adolph Hitler lorsqu'en 1923, il expérimente devant le miroir et sous l'oeil du photographe Heinrich Hoffmann les postures les plus saisissantes, qu'il reprendra ensuite systématiquement dans son programme de fascination des masses.

A l'inverse de ce corps tétanisé, hystérisé, de ce corps catatonique que je viens de vous présenter, on pourrait se poser la question de savoir si dans les années trente, dans la foulée du surréalisme, ne s'élabore pas toute une morphologie, toute une anatomie fantasmatique du corps morcelé et déformé, selon les déplacements hystériques des affects, que l'on trouve chez Picasso en 1931, mais qu'on retrouve aussi en photographie, par exemple dans la série des distorsions de Kertesz en 1933 : un corps déformé, un corps élastisé, un corps hystérisé, éthérisé ou éréthisé comme vous voulez, qui au fond est un corps fantasmatique de l'hystérie. A quel point par exemple, les morphologies tellement singulières du surréalisme, par exemple dans *La Statue* de Miro de 1935, ne reprennent-elles pas au fond les anatomies impossibles du corps hystérisé ou du corps épileptoïde tel que, pratiquement à la même époque, on essayera d'en tracer la configuration ? Par exemple dans l'Homonculus de Penfield en 1950, essayant de traduire en trois dimensions ce que serait la figure d'un être humain, d'un homme ou d'une femme, soumis à des stimulations corticales affectant, au moment de la crise épileptique, son système sensoriel ou son système moteur?

Le discours français sur l'hystérie à la fin du XIXe siècle

Mark S. Micale
University of Manchester

Le passé ancien et vénérable de l'hystérie est célèbre. L'histoire exceptionnellement riche de cette maladie, depuis l'époque hippocratique jusqu'au présent, a été racontée plusieurs fois, notamment par Ilza Veith et Etienne Trillat (1). A vrai dire, il n'existe guère de catégorie névrotique qui connaisse un développement plus long et plus spectaculaire, ou qui ait suscité,dans les années récentes, plus d'attention érudite, de conflits théoriques.

Pourtant, dans la masse d'études historiques sur ce sujet – y compris mon propre travail pendant la dernière moitié des années 1980 –, l'hystérie est avant tout conçue dans des termes strictement médico-historiques (2). C'est-à-dire que l'histoire de l'hystérie relate le développement d'une entité pathologique réelle – ce que Foucault a nommé " L'objet pathologique lui-même ", qui, à travers les siècles, a engendré une grande richesse de réactions théoriques et thérapeutiques de la part des médecins, réactions enregistrées dans des textes médicaux spécialisés.

Récemment cependant quelques chercheurs, comme Jacqueline Carroy, Elaine Showalter et Elisabeth Roudinesco, ont souligné le fait que cette histoire est seulement, en fait la moitié de l'histoire de l'hystérie et, pourrait-on dire, la moitié la moins intéressante (3). Pendant certaines périodes du passé et dans certaines cultures, l'hystérie a été non seulement l'objet d'une enquête clinique parmi les médecins, mais une présence puissante et vibrante dans l'imaginaire populaire et culturel. Alors qu'elle figurait dans des textes scientifiques, elle est apparue simultanément comme une figure dans les arts visuels, un trope dans les romans et dans la poésie, un registre de vocabulaire dans les sciences sociales et un concept philosophique.

Je vais m'attacher, dans cet exposé, à explorer la nature et l'étendue de ces deux discours différents sur l'hystérie : qu'est-ce qui a fait qu'un concept indépendant et métaphorique de l'hystérie se développe en certains moments du passé ? Quelle est la relation historique et théorique entre ces deux traditions textuelles simultanées – c'est-à-dire entre l'hystérie comme figure ou métaphore dans les textes extra-scientifiques et l'étude non-métaphorique, médico-historique de ce trouble ? Pourquoi la notion médicale de l'hystérie est-elle devenue culturellement disponible dans certains lieux à des moments spécifiques de l'histoire (comme cela s'est produit en Angleterre au début de l'époque moderne, en France, en Allemagne et en Autriche à la fin du dix-neuvième siècle et à notre époque) ? Et quelles fonctions sociales et culturelles le concept d'hystérie a-t-il remplies dans ce cadre non médical ? Aujourd'hui, je propose l'esquisse d'une lecture de ces questions, en prenant comme exemple historique Paris *fin de siècle.*

Commençant au début des années 1870 son grand cycle épique de vingt romans sur le déclin national de la France, la série des Rougon-Macquart, Emile Zola a suivi la propagation des pathologies dites nerveuses" à travers six générations de deux familles françaises. Selon l'auteur, dans la dégénérescence de cette dynastie, le défaut neurologique originel, ou la "tare nerveuse", vient de Tante Dide, l'ancêtre des lignées Rougon et Macquart, qui a souffert d'une demi-imbécillité, d'attaques de nerfs et de convulsions. Zola, qui était au courant des écrits des psychiatres français du milieu du siècle, décrit les crises de Tante Dide comme hystériques, épileptiques et cataleptiques tour à tour. Dans la plus grande entreprise littéraire de la France de la Troisième République, suivie par les lecteurs du pays pendant deux décennies, l'hystérie fonctionne comme une des deux pathologies primitives engendrant un assortiment de pathologies sociales comme l'alcoolisme, la prostitution, la perversion sexuelle, la cimina-lité et le suicide (4).

Dans les écrits de J. K. Huysmans, entre les années 1880 et 1890, le concept de l'hystérie s'est adapté aux changements des temps culturels. Avec Huysmans, la dégénérescence naturaliste de Zola a cédé la place à un culte de la décadence, sensuel et esthétique, revendiqué comme valeur. Les personnages de Huysmans sont des hommes et des femmes venant du monde des arts et de l'aristocratie et qui subissent d'une façon morbide leurs hérédités impures comme des sources d'excentricité sociale et de gratification sensorielle (5). *A rebours*, publié par Huysmans en 1884, a fourni le manifeste littéraire du culte de la décadence à la fin du dix-neuvième siècle. L'histoire du anti-héros débauché, des Esseintes – le représentant de l'hystérie masculine dans la littérature française fin de siècle – a fait naître son propre sous-genre littéraire. Une troupe d'hystériques ambitieux, pour lesquels la dégénérescence nerveuse accompagne une quête maladive de l'intensité sexuelle et esthétique, peuple les pages de la fiction française pendant les quinze dernières années du siècle. Dans le roman de Huysmans, on apprend que des Esseintes a grand besoin de "quelques œuvres suggestives [...] lui ébranlant le système nerveux par d'érudites hystéries [...]..." Et dans le monde de la musique, il cherche de nouvelles harmonies qui le laisseront "étranglé par l'étouffante boule de l'hystérie (6)".

Ces liens médico-littéraires n'étaient pas perdus pour les lecteurs de l'époqué. Dans une critique d'*A rebours*, publiée en 1885, l'écrivain Barbey d'Aurevilly dénonce le personnage principal du roman : "Le héros de M. Huysmans [...] est un malade comme tous les héros de roman de cette époque malade [...]. Il est en proie à la névrose du siècle.[...] Il est de l'hôpital Charcot (7)."

Un autre exemple frappant de « l'hystérie littéraire » à la fin du siècle est fourni par Charles Richet. Connu aujourd'hui comme psychologue, physiologue et membre occasionnel du cercle de la Salpêtrière, Richet a été le premier à éveiller l'intérêt de Charcot pour l'hypnose. Ultérieurement, il reçut le prix Nobel de physiologie et de médecine pour sa recherche sur le concept d'anaphylaxie. Mais Richet a écrit aussi des romans et de la poésie sous le nom de Charles Epheyre. Parmi ses nombreux romans, *Possession* (1887) et *Sœur Marthe* (1889) écrits au point culminant de la controverse Nancy/La Salpêtrière, entrelacent les thèmes de l'amour, de l'hystérie, de l'hypnotisme et du somnambulisme.

Une génération plus tard, en 1906, un disciple de Zola, Henri Céard, a publié son propre "roman à l'hystérie", intitulé *Terrains à vendre au bord de la mer*. L'œuvre de Céard raconte l'histoire d'une région de Bretagne où les habitants, du fait de l'ivresse chronique et des mariages consanguins, succombent à l'hystérie héréditaire. Le roman était envisagé comme une critique de la notion de Zola selon laquelle la source d'une régénération du peuple français résidait dans le croisement avec une bonne souche paysanne. C'était aussi la transposition littéraire d'un texte écrit par un médecin breton, M. Firmin Terrien, qui avait paru plus tôt dans l'année, *Hystérie et neurasthénie chez les paysans* (8).

Une autre œuvre appartenant à l'histoire culturelle de l'hystérie à l'époque est le livre d'Augustin Galopin, publié en 1886, *Les hystériques des couvents, des églises, des temples, des théâtres, des synagogues et de l'amour* (9). Le livre de Galopin, bizarre et fantaisiste, raconte dans des termes grotesques l'histoire d'une « éruption » d'hystérie dans le Couvent des Femmes pénitentes, un couvent imaginaire du nord-est de la France, tandis qu'il présente les observations décousues mais mordantes de l'auteur quant à l'hystérie qui saisissait les grandes villes. Le quinzième chapitre de l'œuvre détaille les catégories différentes de "l'hystérie amoureuse". On y voit "l'hystérique érotique", "l'hystérique jalouse", "l'hystérique tendre", "l'hystérique ovarienne" et "l'hystérique envieuse" (10).

Dix ans plus tard, le livre de Galopin a été dépassé par *Les déséquilibrés de l'amour* d'Armand Dubarry, lequel combine la représentation littéraire de l'hystérie avec la sexologie médicale qui émergeait à la fin du siècle. Mélange vulgaire de Zola et de Krafft-Ebing, chaque roman de la série explore sans pudeur quelque excès ou quelque perversion de la vie émotionnelle ou sexuelle dans la société française contemporaine. Onze volumes de la série de Dubarry ont ainsi tenté de séduire à bon marché les lecteurs francophones, qu'ils portent sur le sadisme, sur le fétichisme, sur la flagellation ou sur l'hermaphrodisme. Le quatrième roman de la série était intitulé *Hystérique* (11) Dubarry y présente l'hystérique comme un personnage universel. Il interprète la maladie comme une variante de la "folie érotique" et comme une manifestation de la dégénérescence féminine. Après une série de chagrins d'amour de plus en plus tragiques et la chute terminale dans une nymphomanie insatiable, chaque personnage du roman finit par mourir de maladie, par être mis à l'asile ou par se suicider. En 1900, la série de Dubarry avait été imprimée plus de vingt fois.

Comme l'indique la remarque de Barbey d'Aurevilly, les discours culturels sur l'hystérie pendant la Belle Epoque ont tiré leur inspiration non seulement des textes littéraires qui les précédaient (Rousseau, Flaubert, Baudelaire) mais aussi des recherches du célèbre médecin de l'hystérie, Jean-Martin Charcot. Charcot a inspiré des tableaux, des romans, des pièces de théâtre et d'abondants commentaires dans la presse populaire, à un point tel que personne d'autre dans l'histoire de la maladie ne peut lui être comparé.

La représentation visuelle la plus connue de l'hystérique fin de siècle est le tableau d'André Brouillet *Une leçon clinique à la Salpêtrière*. Brouillet était un peintre reconnu, spécialisé dans des scènes historiques, militaires et scientifiques. Son tableau fut exposé au Salon de Paris en 1887. La toile montre Charcot comme le grand maître, en train d'enseigner devant un groupe sérieux et attentif d'étudiants en médecine, tandis qu'une malade hystérique s'évanouit de manière dramatique et voluptueuse dans les bras d'un interne. Sans grande valeur artistique, le tableau est remarquable par ses dimensions, les personnages étant presque grandeur nature; il est clair que Brouillet a considéré l'hystérie comme un sujet convenant à une représentation monumentale. Des critiques contemporaines du tableau révèlent qu'il est devenu rapidement une image populaire et qu'il fut reproduit sans cesse dans des gravures : l'une d'elles était exposée à Vienne dans le cabinet de consultations de Freud (12).

Des représentations romancées de l'hystérie à la Charcot étaient aussi très répandues en France pendant les vingt dernières années du siècle. Charcot lui-même connaissait beaucoup de figures du monde littéraire à Paris, qui fréquentaient ses conférences à l'hôpital aussi bien que ses célèbres soirées du mardi. Les écrivains français semblaient en même temps attirés et repoussés par lui, utilisant souvent leurs romans pour y régler leurs conflits avec le grand homme.

Les amours d'un interne de Jules Claretie, publié en 1881, raconte l'histoire d'un jeune interne à la Salpêtrière, Vilandry, et ses liaisons amoureuses, nocturnes et secrètes, avec les malades, à l'hôpital (13). Dans la même veine, un an après la mort de Charcot en 1894, Léon Daudet publie *Les morticoles* . Le roman développe un type d'anti-utopie médicale où les médecins-savants règnent sur des malades-citoyens opprimés. Daudet y dessine des caricatures au vitriol des médecins les plus importants de la faculté de Paris, y compris M. Foutange (Charcot), décrit comme "le médecin des hystériques et des somnambules", qui fait des démonstrations sur la malade "Rosalie" dans un sinistre amphithéâtre de "l'hôpital Typhus" (14). Le roman de Daudet est devenu un *best seller* national.

D'autres œuvres de fiction fin de siècle ont visé moins l'image personnelle de Charcot et celle de son hôpital que certains aspects de ses enseignements. Dans un essai paru en 1987 l'historienne de la littérature américaine Emily Apter a étudié la représentation historique d'un symptôme hystérique particulier (15). Apter examine les écrits cliniques de Charcot portant spécifiquement sur les désordres hystériques de la vision, scotomes hystériques ou défauts visuels dans lesquels la perception est absente ou détériorée pour une région isolée du champ visuel. Puis elle reconstruit l'histoire d'un symptôme médical comme symbole culturel. D'un champ non-médical à l'autre, Apter établit qu'à la fin du XIXe siècle, l'idée des points aveugles hystériques a fonctionné de manière métaphorique comme une façon de décrire la perception émoussée, désordonnée ou détruite dans les domaines social, moral et esthétique. Elle montre ce processus à l'œuvre à travers de très nombreux exemples : la propagande colonialiste, des affiches antisémites, des représentations littéraires de l'affaire Dreyfus et la critique de l'art impressionniste. Apter étudie en détail *Le jardin des supplices* (1889), publié par un des jeunes écrivains naturalistes les plus remarquables, Octave Mirbeau. Le roman de Mirbeau repose sur une allégorie botanique et fantastique dans laquelle un jardin de torture chinois sert de paradis à la fois floral et érotique, modelé sur le jardin de Monet à Giverny. C'est aussi un microcosme médical qui ressemble à la Salpêtrière. Au centre de l'histoire, une description détaillée d'une attaque hystérique à la Charcot, presque aussi fidèle que dans un manuel (16).

Pendant les célébrations du centenaire de la naissance de Charcot, en 1925, le ministre de l'Instruction publique a cité plus d'une douzaine d'auteurs redevables à Charcot, parmi lesquels Zola, les Goncourt, Maupassant, Huysmans, Mirbeau, Bourget et Proust. Avec le recul d'un quart de siècle et selon le ministre, il était clair que l'enseignement de Charcot avait inspiré une génération entière de "littérateurs-psychiatres" lesquels avaient introduit une nouvelle sensibilité littéraire, plus orientée vers la psychologie (17).

Si l'on en juge par les productions artistiques de l'époque, l'hystérie semblait être électivement adaptable au théâtre. La fin du dix-neuvième siècle a été le témoin d'un épanouissement du théâtre européen, créant des rôles féminins inoubliables dans lesquels nombre d'actrices se couvrirent de gloire (18).L'héroïne hystérique peupla la scène pour des raisons évidentes. Le théâtre est un medium public hautement performant cependant que l'hystérie est la plus extravertie de toutes les pathologies, ainsi ressentie tant en elle-même que du côté du public (19). Dans la presse populaire de l'époque, on établissait souvent une analogie entre l'amphithéâtre de la Salpêtrière et la scène théâtrale. Au cours de ses démonstrations hebdomadaires, Charcot, à l'aide de l'hypnose, provoquait des hystéries localisées qui étaient ensuite "mimées" en public par les malades, tandis que ses techniques pédagogiques, utilisant affiches, photographies et projections lumineuses, étaient basées sur une sorte de théâtralisation des symptômes (20). Il n'est donc pas étonnant que, dix ans après la publication du roman de Richet, *Sœur Marthe*, l'histoire ait été jouée à Paris comme drame lyrique. De même, en 1884, quand Sarah Bernhardt, l'actrice la plus célèbre de son temps, a voulu perfectionner sa représentation d'une attaque de folie hystérique pour *Adrienne Lecouvreur*, elle s'est retirée dans une cellule du "quartier des aliénées" à la Salpêtrière pour étudier le rôle (21).

Une des sources les plus intéressantes quant à l'histoire théâtrale de l'hystérie en France est *Une leçon à la Salpêtrière*, pièce en deux actes écrite par André de Lorde et représentée au printemps de 1908 au théâtre du Grand-Guignol à Paris (22). La pièce est un mélange des idées et des thèmes du tableau de Brouillet, du roman de Claretie (*Les amours d'un interne*) et du roman de Daudet (*Les morticoles*). Encore une fois, les spectateurs y contemplent un pastiche de l'ancien monde médical parisien avec des caricatures fictionnalisées – le professeur Marbois comme Charcot, Suzanne comme Blanche Wittmann et une coterie d'étudiants en médecine obséquieux – le tout situé dans un amphithéâtre. Lorde, fils de médecin, a dédié cette pièce au psychologue admiré de la Sorbonne, Alfred Binet (23).

L'histoire culturelle de l'hystérie en France à la fin du siècle n'était pas restreinte au monde des arts. Pendant cette période, ce trouble a fourni aussi un assortiment d'images très commodes dans plusieurs domaines de commentaire culturel, social et politique. Il est intéressant de noter que le concept de l'hystérie y était habituellement mis au service des programmes et points de vue conservateurs, sinon réactionnaires.

Prenons, par exempl, Max Nordau, dont le livre influent *Entartung* ou *Dégénérescence* a combiné les paradigmes fin de siècle de l'hystérie et de la dégénérescence. Juif hongrois de naissance, Nordau obtint son diplôme de médecine en Allemagne, et pendant la majeure partie de sa vie adulte, il exerça la médecine à Paris. Il trouva en outre le temps d'écrire des œuvres de critique culturelle et de journalisme médical. Le livre de Nordau parut en Allemagne en 1892-93 et fut traduit en français l'année suivante (24)..

Le cadre : *Dégénérescence* est explicitement médical. La première partie, très longue, présente chapitre par chapitre les "Symptômes", le "Diagnostic" et l'"Etiologie" du malaise culturel européen contemporain, cependant que la partie finale propose des études sur le "Pronostic" et les "Thérapeutiques". Dans tout le livre les catégories diagnostiques essentielles de Nordau, l'hystérie et la dégénérescence se trouvent étroitement liées mais de façon confuse. Nordau prend comme fait établi "l'énorme développement de l'hystérie en notre temps", de même que la correspondance entre l'hystérie de l'individu et les traits de la société européenne fin de siècle (25). Des références aux publications de médecins français comme Charcot, Richer, Binet, Axenfeld, Huchard et Gilles de la Tourette émaillent les pages de l'ouvrage.

Le livre de Nordau est essentiellement une diatribe antimoderniste générale, dans laquelle l'hystérie sert comme métaphore de l'innovation culturelle et de tous les genres d'expérimentation. Divers artistes comme Ibsen, Zola, Wilde, Tolstoi et Nietzsche et des mouvements artistiques comme le pré-raphaëlisme, le naturalisme, l'impressionnisme et le symbolisme ont tous droit à la désapprobation de l'auteur. Nordau applique le terme "hystérie" aux artistes eux-mêmes, aux œuvres qu'ils produisent et aux styles culturels qu'ils représentent.

Dans leur littéralité, les analyses médicales de Nordau sont à tout le moins toniques. Dans un passage, l'auteur discute la littérature médicale la plus récente sur l'amblyopie hystérique (trouble de la vision) et la dyschromatopsie (perception déformée des couleurs) et l'applique directement à la peinture la plus expérimentale du jour. Les artistes de cette sorte, déclare Nordau abruptement, sont des "peintres hystériques". Ils perçoivent mal les couleurs et leur vision réduit un champ intégré à des taches isolées sur la rétine. Comment expliquer autrement "le blanc de chaux d'un Puvis de Chavannes", "les jaunes, bleus et rouges criards d'un Besnard" et "les tableaux violets de Manet et de son école" ?

Les toiles des artistes d'avant-garde, ajoute Nordau, nous deviennent "immédiatement intelligibles si nous gardons à l'esprit les recherches de l'école de Charcot sur les troubles visuels dans la dégénérescence et l'hystérie" (26). Nordau n'était pas plus indulgent envers le modernisme littéraire. Il accuse Huysmans d'être "le type classique de l'esprit hystérique sans originalité, victime prédestinée de toute suggestion" (27).

A cette époque, l'hystérie a aussi trouvé sa place dans la critique politique et historique française. Au début des années 1870 une psychopathologie descriptive du Droit a émergé, dans laquelle la violence de certains groupes politiques était interprétée comme la manifestation d'un état d'instabilité nerveuse ou mentale auparavant sous-jacent. Cette nouvelle historiographie contre-révolutionnaire s'est concentrée sur la Révolution française de 1789 et la Commune de Paris en 1871. Dans son récit monumental de l'histoire moderne de la France, notamment, Hippolyte Taine a déroulé le vocabulaire de "la folie collective", de "l'hystérie de groupe", du "suicide en masse" et du "paroxysme politique" pour décrire les actions des sans-culottes et les événements de la Terreur révolutionnaire (28).

Selon un développement parallèle, le cauchemar de "l'année terrible" de 1870-71 venait de s'achever lorsque les critiques politiques conservateurs ont formulé la théorie d'une "psychologie morbide" pour expliquer ces événements épouvantables (29). Quelques auteurs ont présenté leur analyse politique comme l'application spécifique des théories médico-psychologiques de l'époque. En 1882, l'écrivain Guy de Maupassant ne voyait pas dans la Commune "autre chose qu'une crise d'hystérie de Paris" (30).

Une deuxième vague d'écrits historiques de ce genre a paru dans les dernières années du siècle. Suscitées par l'affaire Dreyfus, ces œuvres ont mélangé le conservatisme politique réactionnaire et les idées contemporaines sur l'hystérie, l'hypnose et la psychologie de groupe. L'auteur le plus remarquable de cette tendance était Lucien Nass. Médecin praticien, Nass fut frappé par la périodicité des bouleversements politiques en France pendant les cent années précédentes. Sur ce thème, il a développé une théorie de la « névrose nationale révolutionnaire ». Ainsi, la séquence malheureuse d'événements de 1789, 1792, 1830, 1834, 1848 et 1871 représentait-elle les spasmes politiques d'un peuple fondamentalement hystérique qui, comme un épileptique ou un malade hystérique, était en proie à des convulsions à intervalles réguliers (31).

En l'état actuel de mes recherches, j'ai trouvé des textes des années 1880-1900, en France, dans lesquels l'étiquette de l'hystérie a été utilisée pour décrire le débordement d'émotion pendant les funérailles publiques de Victor Hugo au printemps de 1885, ou les manifestations d'idôlatrie parmi les royalistes et les officiers de l'armée partisans du général Boulanger en 1889, ou encore les réactions à l'agression à coups de couteau et à la mort du Président de la République Sadi Carnot, enfin les crises xénophobes contre les Allemands pendant l'affaire de Fashoda en 1898 (32).

L'hystérie a fonctionné aussi de manière métaphorique dans les sciences sociales qui naissaient à la fin du siècle, y compris la criminologie et la psychologie sociale. Le concept d'une psychologie des foules était une nouvelle discipline à cette époque, en France et en Italie. La publication la plus influente a consisté en un ensemble de trois textes écrits par Gustave Le Bon dans les cinq ans suivant la mort de Charcot : *La psychologie des peuples* (1894), *La psychologie des foules* (1895) et *La psychologie du socialisme* (1898). Comme Nordau et Nass, Le Bon était de formation médicale mais il faisait carrière dans le commentaire sociologique. Jeune homme, il avait été médecin militaire pendant la Commune de Paris, expérience qui l'avait marqué profondément. C'était un nationaliste convaincu et un anti-socialiste véhément, redoutant le nouvel égalitarisme social.

Dans "La mentalité des foules", première partie de *La psychologie des foules,* Le Bon déclare que les collectivités perdent les facultés de volonté et de rationalité que les individus possèdent. Il soutient que le mécanisme mental qui opère entre la foule et le leader démagogue a été élucidé par la recherche médicale la plus récente. Il compare l'excitabilité des foules à une maladie infectieuse qui se répand, à une radiation électrique et magnétique et aux attaques d'hystérie et de somnambulisme. Il caractérise les activités politiques de la foule moderne comme des contagions épidémiques et comme des maladies mentales. Il constate que les traits psychologiques de l'individu au sein de la foule sont ceux de l'hystérique constitutionnel : l'immoralité, l'impulsivité, la sensibilité à la suggestion et l'excitation émotionnelle (33).

La criminologie alors débutante est une autre discipline qui s'est appropriée l'idée fin de siècle de l'hystérie. L'expert reconnu en était Cesare Lombroso, dont le livre *L'homme criminel* a paru en italien en 1893 (34). Le livre eut une grande influence en France. Lombroso a essayé d'y établir les fondements de l'anthropologie criminelle qui étudiait les typologies physique et mentale de la criminalité. Pour cette nouvelle science, il utilisait aussi les idées, les images et la terminologie médicales les plus récentes. Dans sa caractérologie de la criminalité, on trouve la catégorie grotesque du "criminel hystérique". Et dans son anthropologie criminelle, la criminelle hystérique, toujours une femme, était entêtée, trompeuse, égoïste et, le plus souvent, de mœurs relâchées. De plus, elle s'était rendue coupable de quelque acte illégal en même temps qu'elle témoignait d'une certaine insubordination sociale et sexuelle, surtout dans ses relations avec les figures d'autorité masculine, comme des patrons, des médecins ou des agents de police. Dans la pensée de Lombroso, les crimes les plus communs où entrait l'hystérie étaient le vol et la diffamation, mais le trouble pouvait aussi accompagner l'incendie volontaire, l'agression, l'accusation fausse, l'infanticide ou le meurtre (35).

Pendant la dernière partie du siècle, on rencontrait aussi le diagnostic d'hystérie dans des commentaires médicaux français sur les problèmes sociologiques. La grande majorité de cas d'hystérie publiés en France à cette époque se situait dans la métropole moderne. Paris, en particulier, en était le décor habituel, ce qui suscitait l'idée que la pathologie était une sorte d'expansion naturelle d'un environnement urbain nocif. Un document significatif à cet égard : *Les hystériques* (1893) d'Henri Legrand du Saulle (36).

Legrand du Saulle a été formé à la Salpêtrière pendant les années 1850 et a commencé dans les années 1860 comme théoricien de la dégénérescence. Pendant les vingt années suivantes, il a travaillé comme psychiatre chef à la Préfecture de Police. Ainsi, tous les criminels qu'on y amenait, nuit et jour, et qui étaient soupçonnés de troubles psychiques sont passés par son examen minutieux. Legrand du Saulle était un homme important et puissant, intermédiaire officiel entre les psychiatres français et la vie quotidienne des rues parisiennes.

Les quatre cents pages de son livre offrent un compendium de criminalité urbaine, vols, diffamations, incendies volontaires, enlèvements, infanticides, crimes sexuels et meurtres. Tous ces actes, selon Legrand du Saulle, révèlent une neuropathologie hystérique sous-jacente. Les aspects purement médicaux de l'hystérie étant étudiés exhaustivement, Legrand du Saulle a pressé ses collègues d'étudier cette maladie de façon *sociologique*. De plus, sa situation particulière dans l'institution lui a permis d'estimer qu'à l'époque, il y avait "à peu près 50 000 hystériques à Paris, dont 10 000 qui souffraient de convulsions" (37).

Enfin, l'hystérie pendant ces années fut rapprochée de ce qui était regardé comme les pathologies sociales et médicales les plus destructrices et les plus fatales. La syphilis est devenue une menace grave dans plusieurs villes européennes pendant la dernière partie du dix-neuvième siècle et la première partie du vingtième siècle. Puisque la syphilis et l'hystérie étaient toutes deux regardées comme étant de nature neurodégénérative, les neurologistes, les psychiatres et les vénérologistes ont considéré les liens possibles entre les deux maladies (38). Est-ce que l'infection syphilitique était l'agent qui provoquait des attaques hystériques ? Est-ce que l'hystérie était une forme naissante de la maladie vénérienne ? Ou bien la syphilis était-elle le résultat d'un comportement hystérique dépravé ? Un médecin mit le public en garde contre une pathologie nouvelle et virulente, l'"hystéro-syphilis" (39).

De la même façon, la presse médicale conservatrice de cette période a établi des liens entre l'hystérie, la dégénérescence et la prostitution. Lombroso, par exemple, révisant les chiffres figurant dans le livre de Legrand du Saulle, a calculé que 12% des femmes hystériques à Paris étaient des prostituées (40). Alain Corbin et Charles Bernheimer ont montré que l'image de la "prostituée hystérique", affligée souvent, en outre, de syphilis et d'alcoolisme, est apparue à plusieurs reprises dans des contes et des romans français fin de siècle (41).

Si l'on en croit l'impression qui résulte de l'examen résumé de mes sources, l'hystérie était presque omniprésente dans la culture française il y a cent ans. Pour les contemporains, cette impression n'était pas loin de la vérité : le journaliste Jules Claretie, outre ses romans, a publié une chronique annuelle de la vie sociale et culturelle de la capitale française. En mars 1881, Claretie a dédié la moitié d'un chapitre à sa maladie préférée.

"Le mal du siècle, c'est l'hystérie. On la rencontre partout.[...] En étudiant l'hystérie, M. Lassegue [sic], maître illustre et M. Charcot ont mis le doigt sur la plaie de l'époque. Elle n'est pas seulement enfermée entre les murs gris de la Salpêtrière, cette névrose singulière, aux effets stupéfiants, elle court le monde et les rues."(42)

A la fin de son chapitre, méditant sur ses contemporains parisiens aux vies extravagantes, fébriles et égocentriques, Claretie proclamait : "Hystériques ! Hystériques ! Tous hystériques !"(43)

En parcourant l'histoire de l'hystérie pendant cette période, plusieurs traits émergent; le trait dominant, en tout cas, est l'extension remarquable de l'application de ce concept il y a un siècle. Appartenant à l'origine à la médecine, l'hystérie – le mot, l'image, la théorie et le diagnostic – a pénétré les champs culturels l'un après l'autre – la fiction, la poésie, le théâtre, l'écriture historique, la critique politique et sociale, la sociologie, la criminologie et l'anthropologie. Au point culminant de cette fascination, il n'y avait guère de champ d'activité sociale ou culturelle qui ne soit décrit comme hystérique à quelque moment. L'accumulation de significations, en soi, est extraordinaire : en France, pendant la dernière partie du dix-neuvième siècle, l'hystérie était employée comme une métaphore pour l'expérimentation artistique, pour la violence politique collective, pour la réforme sociale radicale, pour le nationalisme étranger et pour une pléthore d'autres développements nouveaux et troublants. L'hystérie était devenue un terme codé pour désigner l'irrationnel, le manque de volonté, l'incontrôlable, le convulsif, l'erratique, l'érotique, l'extatique, le féminin et toute une série d'"autres" collectifs. Elle était le synonyme de tout ce qui semblait excessif, extrême ou incompréhensible à l'époque.

Dans les arts où ses possibilités expressives étaient reconnues un demi-siècle avant, le concept de l'hystérie était employé par les écrivains arrivés mais aussi par ceux de l'avant-garde. Il était intégré dans les esthétiques réaliste, naturaliste, décadente et symboliste. Et il était utilisé par les écrivains de tout l'éventail politique. Dans les textes orientés vers la sociologie, il était appliqué également aux individus et aux collectivités, dans toutes les classes sociales. On l'employait pour désigner les femmes, les socialistes, les ouvriers, les alcooliques, les prostituées, les syphilitiques, les foules, les classes dangereuses, la vie dans les grandes villes et le peuple français tout entier. Il désignait quelquefois une pathologie primaire, d'autres fois une réaction secondaire qui compliquait les choses, la glose d'un comportement ou une rhétorique. A la veille de la naissance de la psychanalyse, l'hystérie était présente dans des romans, des pièces de théâtre, des livres scolaires sur les sciences sociales ou des éditoriaux, aussi bien qu'au chevet du malade, dans l'amphithéâtre ou dans le cabinet de travail du médecin avec un spectre de significations aussi étendu que ces divers lieux le réclamaient.

❦

De ce rapide survol, plusieurs points invitent à l'analyse historique. Je voudrais conclure, pourtant, en revenant aux questions formulées au début de ma présentation. Pour parler simplement, quels étaient, il y a cent ans, les éléments et les forces au travail, pour donner lieu à une" culture de l'hystérie" aussi répandue que je l'ai esquissée (44) ?

Plusieurs éléments sont évidents : le caractère dramatique manifeste des symptômes de l'hystérie, l'association indissoluble de la maladie avec le sensationnalisme sexuel, la présence des médecins et des malades connus dans l'histoire de la maladie ont constamment attiré l'intérêt des intellectuels non scientifiques. Cependant, ces considérations doivent être complétées par des causes plus complexes et plus spécifiques à la culture.

D'abord, je crois que l'élasticité symptomatique exceptionnelle de l'hystérie aussi bien que ses aspects imitatifs évidents l'ont ouverte à l'extrapolation métaphorique. Dans sa phénoménologie clinique de base, l'hystérie est sans forme propre et toujours en changement. De plus, elle est, dans le langage psychiatrique contemporain, une maladie neuromimétique. C'est "la maladie qui se masque", qui prend l'identité d'autres maladies. Ses manifestations forment un lien entre l'esprit et le corps, une union métaphorique. Selon les vues de Freud, les symptômes somatiques de l'hystérie sont des métaphores complexes du corps, projetées par l'inconscient du malade dans des formes subjectives et symboliques, pour être déchiffrées par le clinicien-sémioticien. Ces propriétés ont rendu l'hystérie exceptionnellement mystérieuse et interprétable, donc ouverte à l'application hors du champ clinique. C'est parce que ce trouble avait revêtu des aspects si variés dans le passé et pouvait se manifester si diversement, qu'il était exceptionnellement facile d'en appliquer le diagnostic à tout un éventail de phénomènes contemporains sociaux, politiques et culturels, dans le présent.

Deuxièmement, la riche histoire culturelle de l'hystérie pendant les dernières années du dix-neuvième siècle est liée aussi, probablement, à sa position incertaine comme entité pathologique. La critique culturelle américaine Susan Sontag a compris que ce sont les maladies dont les causes restent mystérieuses et les remèdes inconnus qui sont les plus susceptibles de devenir des symboles (45). S'agissant de l'hystérie, le rapport historique suggère de manière irrésistible que là où le savoir scientifique manque, l'imagination, le préjugé et le fantasme remplissent aisément le vide. De plus, et parce que sa position comme maladie physique ou mentale est précisément si difficile à démontrer – au contraire de la syphilis et de la tuberculose, l'hystérie pourrait ne pas être une "vraie" maladie –, elle a suscité des interprérations non médicales. L'instabilité ontologique de l'hystérie n'a jamais été perçue de façon plus claire qu'à l'époque de Charcot, quand une génération de médecins, formés dans le matérialisme médical du moment, a cherché intensément mais sans succès, une base organique à la maladie.

Enfin, les liens entre le savoir scientifique et les forces sociales, politiques et culturelles en France pendant cette période étaient étroits et ils fournissent des explications idéologiques à l'attirance des écrivains et des artistes non médecins pour le sujet. Dans une large mesure, le grand intérêt métaphorique de l'hystérie pendant cette période a résidé dans le fait que la maladie était utile pour déchiffrer les nouvelles conditions de la vie moderne et urbaine, émergeant soudainement à la fin du dix-neuvième siècle en Europe. A plusieurs reprises, l'application du diagnostic s'est centrée sur les problèmes les plus graves et les plus menaçants de la France dans les décennies qui suivirent la Commune.

Comme Alain Corbin et Robert Nye l'ont démontré, ces années ont donné naissance à la notion distincte des "pathologies sociales" (46). Presque tous les champs sociaux et politiques étaient médicalisés à cette époque, selon un processus qui utilisait des images de la neuropathologie et de la psychopathologie pour expliquer les changements les plus troublants du jour. Les pathologies sociales apparaissant le plus souvent à la fin du siècle étaient l'alcoolisme, la prostitution, l'homosexualité, la criminalité, la maladie vénérienne et le suicide. Le concept de l'hystérie, on peut le voir clairement maintenant, a joué un rôle clé dans la propension de l'époque à l'étude des pathologies sociales. Dans les textes sociaux, politiques et culturels d'après la Commune, les idées et le langage de Charcot, Bernheim, Luys, Dumontpallier, Grasset et Lasègue se mêlaient facilement aux grandes théories scientifiques et pseudo-scientifiques du moment, y compris la dégénérescence de Morel, la psychologie des foules de Le Bon et l'anthropologie criminelle de Lombroso. Dans le monde socio-politique de la Troisième République troublé et traumatisé, l'hystérie a regroupé les propos sur le déclin national, l'alcoolisme, la prostitution, la criminalité, la perversion sexuelle et la maladie vénérienne pour former un seul discours dominant de la dégénérescence, l'exclusion et la marginalisation.

L'histoire de l'hystérie pendant la dernière partie du siècle, pourtant, ne manque pas d'ironie. Pendant les années 1880 et 1890, l'usage peu à peu répandu de l'idée d'hystérie dans la société et la culture françaises a engendré l'Age glorieux de l'Hystérie qu'on associe aujourd'hui avec le Paris fin de siècle. Mais une telle situation ne pouvait pas durer et ce que Gaston Bachelard a appelé une surcharge interprétative s'est produit (47). En 1900, l'hystérie est arrivée à signifier tant de choses qu'elle a cessé complètement d'avoir une signification. Ses usages dans le discours sont devenus tellement divers et contradictoires que le mot ne remplissait plus la fonction essentielle du langage : désigner. On se demande souvent pourquoi l'hystérie a disparu rapidement au cours du vingtième siècle. Cet exposé suggère que, dans les domaines sociaux et culturels, la raison principale réside dans le fait que le mot et l'idée d'hystérie avaient à ce moment épuisé leurs possibilités métaphoriques. Le concept, alors, a rapidement disparu de la scène, ce qui a mis fin à la célèbre "belle époque" de l'hystérie.

NOTES

1. Ilza Veith, *Hysteria : The History of a Disease*, Chicago, University of Chicago Press, 1965 - Etienne Trillat, *Histoire de l'hystérie*, Paris, Seghers, 1986.

2. Mark S. Micale, *Approaching Hysteria : Disease and its Interpretations*, Princeton, Princeton University Press, 1995. - « Charcot and the Idea of Hysteria in theMale : Gender, Mental Science and Medical Diagnosis in Late Nineteenth Century France », *Medical History*, 34, October 1990, 364-411. - « On the Disappearance of Hysteria : A study in the Clinical Deconstruction of a Diagnosis », *Isis*, 84, October 1993, 496-526.

3. Jacqueline Carroy, « Figures de femmes hystériques dans la psychiatrie française du XIXe siècle », *Psychanalyse à l'Université*, 4, Mars 1979, 313-324 - « Hystérie, théâtre, littérature au XIXe siècle », *Psychanalyse à l'Université*, 7, mars 1982 - « Les personnalités doubles et multiples : entre science et fiction », Paris, PUF, 1993 - Elaine Showalter, *The Female Malady : Women, Madness and English Culture, 1830-1980*, New-York, Pantheon, 1985. - Elisabeth Roudinesco, *La bataille de cent ans : Histoire de la psychanalyse en France*, Paris, Ramsay, 1982, tome 1.

4. Voir Jean Borie, *Mythologies de l'hérédité au XIXe siècle*, Paris, Galilée, 1981 et Yves Malinas, *Zola et les hérédités imaginaires*, Paris, Expansion scientifique française, 1985.

5. Voir A. E. Carter, *The Idea of Decadence in French Literature, 1830-1900*, Toronto, University of Toronto Press, 1958, 80-87.

6. Carter, *op. cit..*, 83

7. Carter, *op. cit.*, 86

8. voir Carter, *op. cit*, 79-80.

9. Augustin Galopin, *Les hystériques des couvents, des églises, des temples, des théâtres, des synagogues et de l'amour*, Paris, E. Dentu, 1886.

10. Galopin, *op. cit.*, 141-153.

11. Armand Dubarry, *Hystérique*, tome 4, « Les déséquilibres de l'amour », Paris, Chamuel, 1897.

12. *La leçon de Charcot : voyage dans une toile*, catalogue d'exposition, Musée de l'Assistance publique, Paris, 17 septembre-31décembre 1986, Paris, Tardy Queroy, 1986. - Jean-Louis Signoret, « Variété historique : Une leçon clinique à la Salpêtrière », *Revue neurologique*, 139, 1983, 687-701.

13. Jules Claretie, *Les amours d'un interne*, Paris, E.Dentu, 1881.

14. Axel Munthe, *The Story of San Michele*, London, John Murray, 1929. Surtout chap.18.

15. Emily S. Apter, « The garden of Scopic Perversion from Monet to Mirbeau », *October*, 47, Winter 1988, 91-115.

16. Octave Mirbeau, *Le jardin des supplices*, Paris, Fasquelle, 1899.

17. A. de Monzie, Discours, *Revue neurologique*, 41, 1925, 1159-1162.

18. Gail Finney, *Women in Modern Drama : Freud, Feminism and European Theater at the Turn of the Century*, Ithaca, New York, Cornell University Press, 1989, surtout chapitre 6.

19. P.C. Racamier, « Hystérie et théâtre », *L'évolution psychiatrique*, 2, 1952, 257-289.

20. E. Roudinesco, *La bataille de cent ans*, op. cit, I, 35.

21. Jules Claretie, *La vie à Paris*, 1884, Paris, Victor Havard, 1885, 450-451 - S. Veyrac, « Une heure chez Sarah Bernhardt », *La chronique médicale*, 4ème année, 19, (1er octobre 1897), 614.

22. Carroy, « Hystérie, théâtre, littérature », *Psychanalyse à l'Université*, 303-304.

23. André de Lorde, *Théâtre d'épouvante*, Paris, Charpentier et Fasquelle, 1909, 1-81.

24. Max Nordau, *Entartung*, 2 tomes, Berlin, C. Dunker, 1892-93 - *Dégénérescence*, 2 tomes, Paris, Alcan, 1894 - *Degeneration*, New-York, Howard Fertig, 1968.

25. Nordau, *Degeneration*, op. cit., 36.

26. Nordau, *op. cit.*, 27-29.

27. Nordau, *op. cit.*, 302.

28. Hippolyte Taine, *Les origines de la France contemporaine* (1876-1893), 6 tomes, Paris, Hachette et Cie, 1877. Tome 2 : *La Révolution - L'anarchie*, livre 1.

29. J. B. V. Laborde, *Les hommes et les actes de l'insurrection de Paris devant la psychologie morbide : Lettres à M. le Dr Moreau,*

Paris, G.Baillière, 1872.

30. Guy de Maupassant, *Chroniques*, ed. Hubert Juin, 3 tomes, Paris, UGE, 1980. Voir aussi Maxime du Camp, *Les convulsions de Paris (1878-1879)*, 4 tomes, Paris, Hachette et Cie, 1889, surtout le tome 4.

31. Drs Cabanès et L. Nass, *La névrose révolutionnaire*, Paris, Société française d'imprimerie de librairie, 1906 - Nass, *Le siège de Paris et la Commune. Essai de pathologie historique*, Paris, Plon-Nourrit et Cie, 1914.

32. Voir Raymond Rudorff, *Belle Epoque, Paris in the Nineties* London, Hamish Hamilton, 1972, 23 - Nicholas Halasz, *Captain Dreyfus, The story of a Mass Hysteria*, New-York, Simon and Schuster, 1955, passim - J. Kim Munholland, *Origins of Contemporary Europe, 1890-1914*, New-York, Harcourt, Brace ans World, 1970 - Roger Shattuck, *The Banquet Years : The Origins of the Avant Garde in France, 1885 to World War One*, rev. ed. , New York, Vintage, 1968, 14-15 - Robert D. Anderson, *France 1870-1914 : Politics and Society*, London, Routledge and Kegan Paul, 1984, 142.

33. Jaap van Ginneken, *Crowds, Psychology and Politics, 1871-1899*, Cambridge, Cambridge University Press, 1991, chapitre 1 - Y. Thiec and J. R. Théanton, « La foule comme objet de "science" », *Revue française de sociologie*, 24, 1983, 119-136.

34. Cesar Lombroso, *L'homme criminel : Etude anthropologique et psychiatrique*, 2ème édition, Paris, Félix Alcan, 1895.

35. Lombroso, *op. cit*, II, 412-417.

36. Henri Legrand du Saulle, *Les hystériques : Etat physique et état mental. Actes insolites, délictueux et criminels*, Paris, J.-B. Baillière, 1883.

37. Legrand du Saulle, *op. cit.*, 2, 5, 3. Voir aussi Theodor Andrev, *De l'irresponsabilité des hystériques en matière criminelle*, Thèse médicale, Université de Toulouse, 1905.

38. Georges Gilles de la Tourette, « Hystérie et syphilis », *Le progrès médical*, 2ème série, 6, 17 décembre 1887, 511-512 - Alfred Fournier, « Influence de la syphilis sur les névroses et notamment sur l'hystérie », *Gazette des hôpitaux*, 61, 23 août 1888, 892-893 - Lucien Bertrand, *Contribution à l'étude de l'hystérie dans ses rapports avec la syphilis secondaire*, Thèse médicale,

Université de Lyon, 1892.

39. M. Hudeyo, « Hystéro-syphilis », *Annales de dermatologie et de syphiligraphie*, 3, 1892, 839-842.

40. Lombroso, *L'homme criminel*, op. cit, II, 416.

41. Alain Corbin, *Les filles de noce : misère sexuelle et prostitution aux 19e et 20e siècles*, Paris, Aubier-Montaigne, 1978, 439-440 - Charles Bernheimer, *Figures of Ill Repute : Representing Prostitution in Nineteenth Century France*, Cambridge, Harvard University Press, 1989, chapitre 8.

42. Jules Claretie, *La vie à Paris, 1881, op. cit.*, 116, 126.

43. Claretie, *op. cit.*, 135.

44. « Cultures of Hysteria » *in* Micale, *Approaching Hysteria*, op. cit., chapitres 3 et 4.

45. Susan Sontag, *Illness as Metaphor*, New-York, Penguin, 1978, chapitre 8.

46. Corbin, *Les filles de noce*, op. cit. - « Le péril vénérien au début du siècle : Prophylaxie sanitaire et prophylaxie morale », *L'haleine des faubourgs, Recherche*, 29, décembre 1979, 245-283 — Robert A. Nye, *Crime, Madness and Politics in Modern France. The Medical Concept of Decline*, Princeton, Princeton University Press, 1984, surtout chapitre 5.

47. Voir Gaston Bachelard, *Le nouvel esprit scientifique*, [1934], Paris, PUF, 1983, Introduction.

Hystérie et Féminité

André Michels

Les freudiens semblent être pris au dépourvu par une modernité, qu'ils ont contribué à façonner, et par une féminité qui jusque là n'avait pas osé se dire et se montrer, qu'ils étaient pourtant parmi les premiers à mettre en évidence; ils lui avaient même reconnu une place de choix en la mettant au centre de leur projet clinique et thérapeutique. Ils se sentent dépassés de voir affiché au grand jour ce qui pour eux constituait un des noyaux du refoulement et s'interrogent, pour certains du moins, sur leur part de responsabilité dans ce "retour du refoulé", étonnés, parfois secoués de rencontrer au premier coin de rue la bisexualité, dont ils ont dû frayer le chemin par d'âpres luttes théoriques et qui correspondait à leurs hypothèses les plus osées. S'agirait-il du déguisement/ dévoilement le plus récent et le plus provocateur de l'hystérie jamais domptée? Ils se retrouvent, parfois malgré eux, à la place de l'aîné ou de l'ancêtre, que d'une certaine manière ils ont toujours occupée et même revendiquée, pour assister impuissants à des effets de leur enseignement qu'ils n'avaient ni prévus, ni voulus, du moins sous cette forme. Il ne fait aucun doute qu'une certaine modernité s'inscrit ouvertement à l'envers de leur discours tout en s'en réclamant implicitement, jusque dans ses moindres détails. Cette relation complexe ne devrait pas leur faire peur, puisqu'elle constitue une chance et une sorte de défi qu'il leur appartient de relever, peut-être une "invitation au voyage" pouvant leur permettre de faire de nouvelles découvertes. Ils n'ont pourtant rien à attendre d'un pur débat des idées, mais devraient revenir à ce qui a constitué leur point de départ, à savoir l'étude et la recherche cliniques, véritables marques de leur originalité.

La clinique psychanalytique se définit selon un éventail

plus ou moins large des modalités de défense contre la position féminine et ce qu'elle véhicule et implique, c. à d. une différence radicale que nous associons à la *castration*. Ce dernier terme est un des plus débattus et des plus controversés par les freudiens aussi bien que par leurs adversaires. Dans ce qui suit je vais essayer, à partir d'une note clinique, d'apporter ma contribution à ce dossier déjà bien épais. Ce sera ma manière de rendre hommage à cette formidable *ouverture discursive* induite et introduite par les "Études sur l'hystérie", publiées il y a exactement un siècle. Cette ouverture a attiré vers la psychanalyse des hommes et des femmes de grande qualité, mais a aussi eu comme effet d'en repousser d'autres qui *au lieu de* consistance et univocité n'ont trouvé que métaphore leur glissant entre les doigts, comme du sable, échappant ainsi à leur effort de maîtrise ou de "saisie" (dans le sens de *concipere, begreifen*).

Ce nouveau discours n'est pas pour autant dépourvu de concepts, mais est peut-être toujours à la recherche de leur statut. Ce sont des signifiants qui, sans être fixes, s'inscrivent de manière particulière dans le temps et continuent à signifier en dehors du contexte de leur émergence, auquel cependant il est indispensable de pouvoir les ramener, le cas échéant. Ils contribuent à déterminer la spécificité d'un champ donné, ainsi que ses limites tout en établissant des ponts avec d'autres domaines du savoir. Pour ce qui est de la psychanalyse, cette fonction ne leur revient que de leur rapport privilégié à la castration, qui désigne un lieu vide situé au centre d'un dispositif terminologique. C'est comme si la position féminine, entrée dès le départ dans la texture de ce discours qu'elle a contribué à tisser, s'en rapprochait le plus. Il en a résulté une difficulté propre au discours freudien, qui était celle de thématiser ce qui se trouvait à son origine. Ce qui s'en est laissé "saisir" le plus aisément est ce que nous appelons hystérie, celle de l'homme tout aussi bien que celle de la femme. Ce n'est pas la moindre raison de s'y intéresser et de l'étudier en n'oubliant pas qu'elle est d'abord définie comme mécanisme de défense contre - la position féminine. Il n'est pas exclu cependant que cette aporie, qui n'a guère été mise en évidence, puisse conduire à une impasse théorique.

Donnons maintenant la parole à cette jeune analysante au début de la trentaine et mère d'une petite fille, dont les propos apparemment contradictoires reflètent bien le paradoxe de la position féminine eu égard au rapport des sexes. Elle dit à la fois qu'elle n'a jamais eu d'orgasme et qu'elle vient de passer une merveilleuse nuit d'amour, qu'elle est très froide et insatiable, qu'il lui arrive d'être frustrée et comblée par l'acte sexuel. Elle ajoute qu'elle a découvert sa sexualité tardivement, qu'elle a attendu jusqu'à ses vingt-deux ans, l'âge de ses premiers rapports, avant de "se toucher" et que ses essais timides de se masturber ne lui avaient guère procuré de plaisir. Dans son idiome, pour parler de son sexe, elle utilise un signifiant qui se rapproche de l'allemand *Scheide,* vulve, terme d'une grande richesse, qui pourrait constituer à lui seul, avec ce qu'il évoque ou implique, le point de départ et le support de tout un développement sur la sexualité, en particulier féminine.(1) *Scheide* veut dire en effet étui, gaine, fourreau, mais aussi fente et surtout limite, frontière, séparation. Le champ sémantique couvert par ce terme désigne les coupures essentielles qui scandent la vie du sujet et s'étend jusqu'à ses extrémités. En voici deux exemples : de *verscheiden,* mourir, seule la forme participiale, à valeur adjective, *verschieden,* est d'usage courant et signifie à la fois différent et mort; *unterscheiden,* différencier, permet de nommer les différences des sexes et des générations, donc les fondements du symbolique; dans ce contexte se situe également la signification juridique de *Scheidung,* divorce. Cet endroit d'où toute vie émane serait-il aussi celui où elle vient échouer? C'est sans doute la crainte de maints névrosés et aussi ce qu'on pourrait entendre dans cette exclamation du Choeur, dans "Oedipe à Colone", se lamentant sur le héros tragique à bout de souffle et en bout de course: "Ne pas naître (*mè phúnai*), voilà ce qui vaut mieux que tout. Ou encore, arrivé au jour, retourner d'où l'on vient, au plus vite, c'est le sort à mettre aussitôt après."(2)

L'analysante a mis du temps pour prendre la mesure de ce à quoi l'exposaient la découverte et la prise en compte de son sexe, ce point de départ de toutes sortes de différences et de distinctions que jusque là elle avait tenté d'éviter soigneusement, mais sur lesquelles, elle devait se rendre à l'évidence, repose le "monde". Peu à peu elle s'est ouverte à l'ampleur du questionnement qui en résulte. Elle trouvait sa situation impossible et inacceptable; elle l'avait pourtant choisie et voulue, jusque dans ses moindres détails. Au père de sa fille, âgée de près de deux ans en début de cure, la liait une relation physique très forte, mais tout aussi éphémère. Elle savait pertinemment que cet homme, qui avait déjà un enfant presqu'adulte et qui avait quitté sa femme depuis des années, ne cherchait nullement une liaison stable et durable; cela a sans doute contribué à rendre les choses possibles pour elle. Elle était arrivée par ailleurs au terme d'une longue relation avec un homme avec qui elle venait de construire une maison prête à être habitée. Lorsqu'elle se trouva enceinte, elle n'avait pas pris le soin de se protéger pendant les rapports, elle quitta son amant, sans lui donner la moindre explication. Il n'en avait pas demandé non plus, mais n'avait pas complètement disparu de sa vie; elle continuait cependant de lui cacher qu'il était le père d'une petite fille. Elle n'avait pas non plus révélé à celle-ci l'identité de son père. Cette question l'avait quand même suffisamment préoccupée pour la décider à venir me consulter.

Alors qu'elle avait vécu seule et mené une vie indépendante, dès les premiers mois de sa grossesse elle retournait vivre auprès de ses parents, "auprès de mon père" disait-elle, sous un même toit, quoique dans un appartement différent. Elle s'est rendu compte assez rapidement, dès les entretiens préliminaires, qu'elle était en train de réaliser un fantasme très ancien, celui de vivre sous un même toit avec son père et son enfant, à qui elle avait transmis son patronyme. Elle a ainsi maintenu et cultivé l'ambiguïté, consciente et inconsciente, que son père à elle pourrait également être celui de son enfant.

C'est à la faveur de sa grossesse qu'elle a renoué avec un passé où son père occupait le devant de la scène, sur laquelle sa mère, très présente par ailleurs, n'apparaissait que dans un second rôle, voire comme une piètre figurante.

Cette utilisation du patronyme, avec plusieurs variantes possibles, est assez fréquente aujourd'hui et paraît donc être relativement anodine. Il ne s'agit pas moins d'un abus, et dans certaines conditions d'une usurpation du nom, avec des conséquences imprévisibles pour la ou les générations à venir. Il vaut certainement mieux pour un enfant de porter le nom de son père, afin qu'il soit inscrit ailleurs que dans le discours maternel, dont il lui sera plus facile de s'extraire par la suite. Si l'enfant porte le nom de jeune fille de sa mère, c'est comme si celle-ci avait été grosse du nom de son propre père, qui en tout cas occupe la place de celui d'où la transmission procède. Le fantasme, presqu'obligatoirement, s'empare de cette constellation, qui est celle de l'inceste. Le résultat peut en être une indifférenciation des noms et une confusion des places. La cohabitation ici est un facteur de complication supplémentaire. L'enfant tôt ou tard est confronté à la question: qui est qui? (*who is who*?).

Il en a été ainsi chez cette autre analysante, ancienne anorexique, qui pendant longtemps est restée profondément ancrée dans le discours parental. A peine âgée de vingt ans, elle a eu une petite fille d'un jeune psychotique, rencontré ... au cabinet d'un précédent thérapeute, tout en continuant à vivre chez ses parents et sa grand-mère maternelle. Elle s'est acharnée à éviter tout contact et donc à rendre impossible toute relation entre sa fille et le père de celle-ci. Quand, au bout d'un certain parcours analytique, elle quittait la maison familiale, elle choisissait d'abord un appartement, à deux pas de chez elle et appartenant à ses parents. Elle s'est ensuite mise à vivre avec un homme un peu plus âgé, qui est venu habiter chez elle avec son fils, un jeune adolescent. Cette nouvelle constellation a entraîné des changements notables, surtout par rapport aux places occupées par chacun des protagonistes. La jeune mère a été sidérée d'entendre sa fille dire, au bout d'un certain temps de vie commune: "Un papa, ce n'est donc pas un pépé." Elle a dû se rendre à l'évidence que jusque là sa fille, qui porte son nom de jeune fille, avait vécu dans la confusion, entretenue par elle, de ces deux places et rôles appartenant à deux générations différentes.

Ces deux exemples soulignent le rôle de la maison comme représentant la famille et la filiation. C'est aussi le cas dans les principales langues pratiquées en Occident, ainsi pour *domus* en latin, *oikia* (ou *oikos*) en grec, *beit* en hébreu. Le Talmud distingue entre *beit Hillel* et *beit Shammaï*, les maisons d'étude de deux grands maîtres de la Michna, pour désigner deux lectures différentes de la loi, donc de la tradition. L'hébreu offre encore d'autres possibilités associatives: la Thora commence par *beit (Berechit...*, Au commencement...), la deuxième lettre de l'alphabet. Pourquoi pas par la première, *aleph*? Cette lettre représente l'animal totémique. C'est comme s'il devait être perdu (ou son représentant), à chaque fois, pour qu'un commencement véritable puisse se produire. C'est par la deuxième lettre donc qu'advient ce qui est nouveau, qui n'est ni unique, ni univoque, mais divisé, dès le départ. Cette division intervient au niveau de la brisure des tables de la loi, donc de la loi tout court, afin qu'elle puisse être lue et donc transmise. Les lettres ont aussi une valeur numérique: c'est le deux du départ qui porte la marque de la perte de l'un (premier) et de l'unité, condition du partage. Le deux de la division intervient pour distinguer entre ce qui est consommable et ce qui ne l'est pas. Il se répète au niveau de la bénédiction qui rend l'aliment apte à être consommé et donc partagé. Cette deuxième lettre, grosse d'une signification plurielle, s'écrit selon une courbe prononcée, significative, évoquant le ventre de la femme enceinte. La lettre *beit* est l'écriture de la première demeure; elle représente la demeure tout court, celle du sujet, dans son rapport fondamental mais non exclusif au féminin et au maternel. Voilà pourquoi la tradition dit que la femme est le *baït* (la maison) de l'homme; ceci est à considérer dans toute approche de la place de la femme dans la transmission.

Or la clinique nous enseigne que l'écriture ne symbolise rien. L'analysant qui note ses rêves souvent ne fait que consolider sa résistance et son opposition à ce qu'ils puissent s'interpréter. La simple inscription (dans une lignée) ne suffit pas à donner accès à la métaphore (paternelle), qui seule est en mesure de ratifier, de valider rétroactivement (*nachträglich*) cette "écriture première". Cela suggère que l'écriture interviendrait plutôt côté mère et son interprétation plutôt côté père. Ne confondons pas ici "côté" et "personne". N'est-ce pas aussi ce qui nous permet de mieux comprendre certains parcours d'écrivains chez lesquels le littéraire contribue à consolider le littéral (ayant trait à l'inscription), mal assuré? Ajoutons encore, dans le contexte de cette digression sur la lettre, que dessiner la courbe du ventre ou celle de la grossesse n'est que le premier épisode d'une séquence temporelle bien précise, le prélude à une succession d'événements tellement significatifs qu'ils sont autant métaphoriques que réels: ouverture de la fente et rupture des eaux, expulsion, coupure du cordon et premier cri, ouverture des membranes alvéolaires et passage de l'air, évacuation du placenta, nomination ensuite et inscription dans un registre (de l'état civil). C'est comme une porte qui s'ouvre sur une autre porte qui s'ouvre sur une autre encore, etc.

L'analysante, pour revenir à notre exemple clinique, a su éviter un certain nombre d'ouvertures et de coupures, dans son rapport au corps et à la sexualité, en voulant maintenir, réinstituer même à l'âge adulte, la constellation de sa sexualité infantile, pour y inscrire son enfant. Cette tentative de remonter le fil du temps corroborait son refus de transmettre et donc d'assumer ses responsabilités, dont elle laissait la charge aux hommes, à son père d'abord. "Je voulais jouer à la petite fille qui a eu une enfance si malheureuse et qui a connu tant de déboires." Elle voulait faire payer aux hommes ce que son père lui aurait fait "subir", mais essayait peut-être surtout, par ce stratagème, de le maintenir en place et de faire apparaître les autres hommes dans leur insuffisance. En évitant ainsi la coupure de ce lien primordial et donc la perte de l'amour du père, elle installait sa vie amoureuse dans un désordre assez considérable qui commençait à l'inquiéter. En sauvegardant un objet hors de sa portée, inaccessible, elle tentait d'établir un désir d'autre chose que tout ce que le quotidien pouvait lui offrir. Il en était de même dans son rapport à la jouissance: maintenir la jouissance d'un père mythique (celui du fantasme), au prix de sa frigidité, était aussi une manière de dire aux hommes qu'ils n'étaient pas à la hauteur, qu'ils étaient incapables de lui procurer "ça". Le rôle de la femme-enfant, qu'elle adoptait volontiers, lui a permis de s'opposer plus ou moins efficacement aux effets du temps et donc du deuil. Tout en ayant une vie sexuelle très mouvementée, tout en étant mère d'une petite fille, c'est comme si elle était animée par une obstination farouche de ne surtout pas s'ouvrir à autrui, au temps et donc aussi à soi-même.

C'est pour sauver un lien ancestral qu'elle s'est livrée à ce périlleux exercice d'écriture, celui d'inscrire le nom de son propre père pour sa fille. Sa symptomatologie, avant tout sexuelle, y a trouvé un point d'appui solide. La pratique analytique à son tour est suspendue à cette écriture, prélude à toutes les autres, du nom propre, dont elle met en évidence la logique - autre modalité de l'écriture - de l'incidence dans la vie du sujet en y apportant cependant une dimension orale supplémentaire. Elle ajoute au texte ce qui ne s'y trouve pas, pour y introduire une ouverture à autre chose que lui-même - c'est ce que nous appelons interprétation. Cet ajout, précédé le plus souvent du signe de la négation, permet d'entendre autrement ce qui est écrit, de lire en particulier le nom autrement qu'il n'est écrit. C'est à cette condition uniquement qu'intervient et que se transmet le *nom du père,* en tant qu'instance symbolique et dans sa différence d'avec le patronyme. La psychanalyse a-t-elle vraiment reconnu la dette qu'elle a contractée à ce sujet vis-à-vis de la tradition juive?

L'analysante n'était pas sans savoir ce qui était en train de se passer. C'est comme si elle s'était arrêtée au bord d'un processus, pour faire barrage à la métaphore paternelle. Elle a fait intervenir la castration, mais de façon unilatérale, c'est-à-dire sur un mode hystérique, en châtrant l'homme. Elle a écarté le père de son enfant d'une lignée potentielle tout en évitant d'être touchée au fond d'elle-même, amoureusement et sexuellement. Elle ne disait rien d'autre en évoquant sa frigidité, qui allait de pair avec un désir sexuel insatiable. Elle devait pour cela rester *intouchable* et laisser en cet état une partie importante de son passé, afin de le soustraire aux ravages du temps. Là-dessus reposait avant tout ce désir immortel (*der unsterbliche Wunsch*(3)) et non entamé "de" l'enfant, formulation dont le double sens du génitif suggère cette version très répandue du fantasme de l'hystérique: avoir un enfant du père - sans être touchée. Ce paradoxe est lié à la structure du fantasme, dont la fonction est de préserver au-delà des rides de l'âge, de la maternité aussi, une place qui doit rester vide, "vierge" en quelque sorte, afin de maintenir en vie l'économie libidinale du sujet. La virginité serait ainsi entendue comme un facteur temporel, comme un temps indépendant de l'histoire proprement dite du sujet, introduisant une césure indispensable à la mise en jeu de son désir. L'idée d'avoir pu être "touché", ne serait-ce que par allusion ou de façon indirecte, est d'autant plus insupportable pour le sujet parvenu à l'âge adulte qu'il sent cette place menacée. Cela peut donner lieu à de longs parcours analytiques, afin de vider cette place d'une jouissance qui y avait fait ou aurait pu y faire irruption, et parfois aussi à des procès retentissants, afin de rétablir une loi qui a été ouvertement bafouée.

La notion d'*intouchable* peut aussi être entendue dans un sens juridique s'appliquant à celui qui ne tombe pas sous la loi et ne peut donc être l'objet d'aucune sanction ou, dans un autre registre, à celui qui est exclu de la société (comme le paria en Inde) et donc ne bénéficie pas de la protection de la loi. Sur le plan religieux, la même notion sert à désigner tout particulièrement ce qui correspond à des dégrés différents d'impureté concernant entre autres les plaies (qui peuvent conduire jusqu'à l'exclusion de la société, dans le cas de la lèpre), les écoulements du corps (qui entravent les rapports sexuels, voire les interdisent) et, stade ultime, le cadavre (c'est-à-dire le corps soustrait aux lois de la vie et de sa reproduction). Ceci nous donne une idée de l'étendue du champ sémantique couvert par ce terme, dont nous n'avons extrait qu'une partie, suffisante cependant pour nous fait comprendre ce qui est en jeu pour le sujet dans son rapport à l'inconscient et à la loi.

Les registres du sexuel et le surmoi

L'analysante nous apprend à sa manière, *a contrario* d'abord, que la *position féminine* se définit par un certain nombre d'ouvertures, que soit elle empêche, soit elle parvient à introduire dans les différents registres du sexuel: le génital, le maternel et le filial. Ce sont autant de rapports au corps s'inscrivant dans une séquence temporelle bien précise, dont une femme dispose préférentiellement - elle y puise sa force, mais risque aussi d'y voir son élan brisé -, et à laquelle un homme à son tour doit se soumettre, s'il veut intervenir dans le processus de la transmission. Les ouvertures en question pourtant ne se soutiennent dans leur multiplicité qu'en référence à ce qui les tient ensemble, à savoir la *métaphore paternelle*. Elle oppose la seule limite qui vaille au réel de la jouissance, tout comme elle est responsable de la transformation de l'image du corps par la grossesse et de l'inscription de l'enfant à naître dans le symbolique. Elle est ce fil invisible qui relie entre eux les différents moments et domaines de la vie du sujet lui permettant de s'y retrouver et de reconnaître l'unité de son action dans la diversité de ses actes, qu'il s'arrange toujours, s'il est névrosé, pour rater plus ou moins. C'est la rançon de sa "liberté" qu'il acquiert au prix de son aliénation, c'est-à-dire d'être pour l'essentiel étranger à lui-même. Sa seule chance d'y accéder est de se soumettre, en tant que femme ou en tant qu'homme, à ce qui le détermine au lieu de l'Autre, en acceptant d'y reconnaître ce qui cause son désir, comme une "cause (chose) perdue ", - depuis toujours.

L'analysante nous donne une idée des obstacles, parfois difficiles à surmonter, que peut rencontrer la métaphore paternelle. Elle voulait "être" femme tout en rejetant avec véhémence ce qui aurait pu l'y conduire, pour la simple raison qu'aucun homme n'était capable de la rendre femme "absolument". Elle devait donc, en toute logique, refuser l'ouverture qu'il lui proposait, qui aurait signifié l'abandon de sa "prétention au titre" (de femme, de reine). Y renoncer, pour se soumettre à rien de tangible, c'aurait été trop lui demander. Cela se manifestait dans son fantasme, amplement développé, qu'un homme rampe devant elle pour implorer son pardon, pour tout le mal qu'il lui aurait fait. Cette fiction, qui imposait son allure à sa vie sexuelle, avait comme conséquence qu'elle ne pouvait accepter comme partenaire qu'un homme assez faible ou renonçant à être vraiment homme - pour elle. Ce qu'elle appelait sa "frigidité" était un compromis, somme toute assez commode, entre les différentes tendances qui l'habitaient lui permettant de préserver ce à quoi elle n'était pas prête à renoncer, un certain rapport au pouvoir et à la jouissance, dont les goûts se confondaient.

Pour caractériser une relation physique très forte, elle parlait de "passion" ou plus volontiers encore de "transe", évoquant un état proche de l'expérience mystique, et dont Lacan a voulu faire le propre de la jouissance féminine. Il n'est pas spécifié quelle partie du corps entre en jeu dans l'état de transe. Serait-ce le corps en entier, dont le morcellement imaginaire par référence à une instance symbolique (phallique) serait ainsi suspendu, provisoirement? Cela n'empêche pas, le cas échéant, le symptôme hystérique, dit de "conversion", de s'établir selon les lignes de fracture d'un corps, qui n'est justement pas celui de l'anatomie.

En jouant avec les mots nous pourrions ajouter qu'il y a eu trans- , mais non pas -mission. L'analysante voulait, en tout cas, imposer sa propre loi à la transmission. Elle voulait être mère, mais sans accepter pour son enfant la moindre allégeance à l'égard d'un homme, la soumission donc à ce qui est véhiculé par un homme de préférence: cette instance symbolique qui détermine l'identité sexuelle et l'inscription dans les générations. Le seul qui, à ses yeux, aurait pu le faire était son propre père, qui cependant n'était pas le mieux placé. C'est comme si elle avait voulu concevoir un enfant, selon l'ordre du fantasme, et par là même se hisser au niveau de la génération de son père. Elle avait pourtant une conscience aiguë des difficultés qu'elle était en train de produire et auxquelles elle exposait sa fille. Elle voulait la soustraire à l'autorité d'un père, qu'elle considérait comme dangereuse, mais ne faisait que renforcer celle de son propre père. Tout en voulant éviter que l'histoire ne se répète pour sa fille, elle s'appliquait, avec talent, à contrecarrer les effets du temps.

Elle se demandait aussi, si ce qui lui arrivait n'était pas une manière de réagir à ce qu'elle avait perçu du côté de sa mère, concernant sa place dans la famille. Elle était pratiquement absente de son discours, mais non moins présente dans le réel de sa vie; c'est comme si ces deux dimensions avaient du mal à s'articuler. Elle en disait: "Ma mère est comme l'ombre de mon père". Cette formulation suggère que sa position de mère était tout aussi effacée qu'ineffaçable, inexistante et pourtant omniprésente. "Comment se débarrasser d'une ombre?" aurait pu être la question de sa fille qui était frustrée d'une rivalité avec une mère ayant trouvé un moyen très efficace pour s'en protéger. Ceci explique l'impact d'une *référence paternelle* trop exclusive et en dit long des craintes de l'analysante en rapport avec sa propre maternité, liée imaginairement à une menace pour son autonomie, son existence même. C'est comme si elle avait voulu sauver sa peau en refusant à un homme de prendre la place de père pour son enfant. Il est vrai aussi que le géniteur ne voulait rien en savoir, même lorsqu'il fut mis au courant, des années plus tard. Nous avons appris par la suite que le grand-père maternel était alcoolique (ou avait revêtu ce rôle), raison pour laquelle les grands-parents paternels se seraient opposés à ce mariage. Pour ne pas avoir été rejetée, sa mère aurait fait preuve d'une gratitude excessive. Son effacement d'elle-même n'a cependant rien arrangé ni pour elle, ni pour sa fille. Elle lui a laissé une culpabilité inarticulée, presque à l'état brut, telle que probablement elle l'avait reçue de son propre père. Cette culpabilité, que l'analysante avait en partie endossée et qu'elle était en train de passer à sa fille, était placée sous la férule d'un surmoi féroce et s'accompagnant d'un rapport à la jouissance d'autant plus destructeur, qu'elle n'était pas prête à y renoncer. Cela se manifestait surtout par son rapport à une sexualité quelque peu désordonnée.

Le surmoi intervenait donc, conformément à l'hypothèse de Freud, dans une sorte d'héritage (*Vererbung*), pour imposer son allure au symptôme sur plusieurs générations. Il s'opposait ainsi plus ou moins efficacement à la transmission du *nom-du-père*, pour déterminer l'alcoolisme du grand-père, l'attitude d'effacement de la mère et une tentative d'effacement de la fonction paternelle à la troisième génération actuelle. Quelles en auraient été les conséquences pour sa fille, si l'analysante ne s'était pas mise à réagir? Le parcours analytique consiste à "transférer" la culpabilité sur un autre plan, dans la mesure où elle peut être traduite dans une autre langue et donc être transformée en dette symbolique. Pour y arriver, il convient de tenir compte des trois générations qui interviennent dans l'Oedipe. Son dénouement peut être comparé à l'interprétation d'un texte qui se laisse "ouvrir" et dépouiller d'un sens donné, pour donner lieu à des traductions successives. L'enfant lui-même devient le vecteur d'une nouvelle version d'un texte, dont l'original est perdu. Le véritable "don" de la vie consiste, pour chacun des parents, à laisser advenir un enfant à son propre monde symbolique et donc à ne pas faire obstruction à ce qu'il porte son nom autrement qu'il ne l'a reçu.

FONCTION SYMBOLIQUE DE LA MERE

Que nous enseigne cette histoire clinique, dont je n'ai donné que peu d'éléments, sur la question si importante, qui nous occupe ici, de la *fonction symbolique d'une mère*? Il est à noter qu'à ce propos la littérature psychanalytique est restée relativement silencieuse, à quelques exceptions près, alors que les publications sur le féminin et le maternel se font de plus en plus nombreuses. On ne trouve que peu d'indications sur ce qui est pourtant essentiel, à savoir comment une femme s'inscrit, à la différence d'un homme, dans son rapport aux générations.

Si l'historiographie, comme l'affirment deux grands spécialistes(4), a eu tant de mal à recueillir les *traces de la féminité dans le passé*, c'est que peut-être le mode d'écriture qui lui est propre se retrouve moins dans les livres que dans le livre - de la vie. Il est plus vraisemblable encore qu'il n'a pas toujours été reconnu comme il aurait dû l'être. Traditionnellement, pour des raisons sociologiques et religieuses, les femmes ont été écartées de la vie publique et politique, artistique et scientifique. Qu'aujourd'hui elles aient investi ces domaines ne doit pas nous induire en erreur. Ce pas en avant indéniable ne nous permet pas *ipso facto* de mieux comprendre les traces en question, ni d'en préciser le statut. Peut-être faut-il être plus radical et dire qu'elles ne sont pas historisables, qu'elles ne sont pas de l'ordre de l'histoire, mais s'inscrivent dans un autre rapport au temps. Cela ne veut pas dire que les femmes n'écrivent pas de beaux livres, mais en règle générale elles les écrivent autrement, à moins que ce ne soit dans un but de reconnaissance universitaire ou autre. La différence est p.ex. assez nette au niveau des intrigues policières, pour lesquelles elles ont une grande sensibilité et souvent plus de talent que la plupart des hommes, auteurs de polars. Si le tissage est reconnu comme étant une des occupations féminines les plus anciennes, dans les traditions qui nous sont parvenues, c'est probablement pour la raison que de tout temps les femmes ont constitué la texture de la vie. Personne ne mettra en doute non plus leur place centrale dans la cohésion du tissu social, dont un aspect au moins est immédiatement saisissable et connu de tous: ce qu'on appelle de façon péjorative le "commérage" et dont les femmes sont loin d'avoir le monopole. Ce n'est qu'un versant d'une fonction essentielle, qui ne devrait pas être sous-estimée, et sans laquelle la vie sociale serait sans âme.

Ceci reste cependant très anecdotique et ne suffit pas à déterminer le rapport à l'écriture spécifique de la position féminine. Pour les deux sexes, l'inscription dans le symbolique n'est pas immédiatement évidente ou saisissable; elle ne se réduit en aucun cas à ce qui s'en manifeste publiquement sous forme d'action politique, de production littéraire ou autre. Il y a même une sorte d'antinomie entre le public et le privé, le visible et l'invisible, le manifeste et le latent. Le clinicien se méfie de l'évidence et de ce qui est immédiatement accessible. Il a appris à attendre et a développé une sensibilité pour une écriture invisible à l'oeil nu, puisqu'elle touche à l'inscription dans le symbolique. Si celle-ci est mal assurée, cela se voit et s'affiche par le marquage réel de la peau, ce dont le tattoo est l'illustration par excellence.

Les parents n'accèdent à leur fonction symbolique respective qu'en se soumettant à la différence des sexes. Car la tentation est grande de la gommer, p.ex. de ne pas tenir compte de l'autre sexe ou de l'autre en tant que sexué. Ainsi un homme n'a pas seulement à transmettre la "loi des pères", à laquelle il a trop souvent tendance à réduire les enjeux de la transmission, mais aussi son rapport à la féminité. Les deux ne s'excluent pas, sinon les plus beaux discours et les meilleures intentions n'auront que des effets très mitigés. La même exigence s'adresse à une femme qui intervient dans le processus de la transmission par ce qu'elle a reçu des générations précédentes et, tout autant, par le crédit, voire l'autorité qu'elle arrive à accorder à la parole du père de son enfant. Elle ne doit pas pour cela l'accepter telle quelle ou la prendre à son compte, mais plutôt essayer de la traduire *pour son enfant*, pour chacun différemment, la discuter et même, si elle est injuste, s'y opposer pour défendre un autre point de vue.

Le *sentiment de justice* qui habite chaque enfant, l'anime et le préoccupe au plus haut degré, se nourrit à cette source. Il se réfère parfois une vie durant à des situations du même type, à ce qui a été dit réellement et à la manière dont cela a été repris, colporté, transformé. L'enfant est d'autant plus offusqué, blessé, perturbé, qu'une parole donnée a été, à ses yeux, mal traduite. Dans la genèse d'une psychose intervient souvent le sentiment d'avoir été manipulé par une mère, qui se met au-dessus de la loi ou dont le discours ne comporte guère de référence à l'autorité paternelle, sinon pour l'humilier. Non moins fréquent est un autre échec de la fonction maternelle qui consiste dans l'incapacité d'introduire une ouverture dans un discours paternel trop compact ou trop autoritaire et donc intraduisible. Voilà pourquoi certains psychotiques, devenus adultes, passent leur vie à réclamer justice devant les tribunaux, pour des causes considérées à juste titre comme folles. Ils ne sont pas sans le savoir, le plus souvent, mais c'est le dernier recours qui leur reste, pour faire intervenir une instance tierce et afin d'éviter un collapsus du symbolique. Cela caractérise le parcours de bon nombre de paranoïaques, en particulier ceux qu'on appelle les "quérulents processifs". Sur le versant de la schizophrénie il n'est pas rare d'assister à un mode d'entrée dans la psychose par un passage à l'acte extrême, parfois meurtrier. C'est encore une manière, désespérée et combien paradoxale, de faire intervenir un tiers qui a cruellement fait défaut. Il serait aisé de donner d'autres exemples de cet *appel à la justice* qui existe aussi bien chez le grand criminel que chez l'extrémiste politique ou religieux, tout comme il se trouve être à la base d'engagements beaucoup plus modérés ou donner lieu, pourquoi pas, à l'élaboration d'une théorie de la justice sociale. Cette aspiration tellement profonde existe, parce qu'elle vise ce qui est à l'origine du symbolique et de son ancrage subjectif. Tout semble être une question de juste milieu, de juste appréciation des choses et des limites.

FLEXION DU NOM

L'analysante se trouvait dans une constellation oedipienne particulière qui lui a donné beaucoup de fil à retordre, mais qu'elle n'était pas prête encore à résoudre. En devenant mère à son tour, elle aurait pu décider de fonder son propre foyer, alors qu'elle a choisi au contraire de rejoindre celui dont elle était issue; par commodité, disait-elle, mais il y avait sans doute autre chose. Cela constituait une lourde hypothèque, qui cependant n'avait rien de définitif, par rapport à l'ouverture qu'elle aurait pu contribuer à produire dans une lignée. Celle-ci est suspendue à l'inscription du nouveau-né dans un registre, afin qu'il puisse être *appelé* par un nom et un prénom; mais elle n'a une chance de se poursuivre, de traverser le temps que si à chaque génération se produit une ouverture bien spécifique, inédite permettant à un enfant de trouver sa place, grâce à une version du nom qui lui est propre. Ce sera son plus cher trésor, sa vie durant, auquel il ne pourra renoncer, même pas sous la menace de mort. La métaphore, liée de façon indissociable à ce qui est nouveau, est le seul rempart efficace contre la pulsion de mort et procure au sujet les ressources symboliques nécessaires lui permettant de s'arracher à l'automatisme de répétition (*Wiederholungszwang*).

Or l'ouverture en question est liée à la position féminine, déterminée pour l'essentiel, mais non pas exclusivement, par son rapport à la *castration symbolique*, opérateur essentiel de l'inscription du sujet dans la loi et le langage. Insaisissable en tant que telle, la castration se manifeste cliniquement par l'effet de féminisation qu'elle entraîne au niveau du corps, indépendamment du sexe. L'homme en effet n'y échappe pas, mais la féminisation prend une allure très différente selon sa structure: ce qui contribue à lui donner un statut symbolique en tant qu'hystérique et que le pervers aura tendance à habiller imaginairement, pour éventuellement l'exhiber au grand jour, le paranoïaque le percevra comme la plus grande menace, de devenir femme réellement.

Schreber est passé par là et a tenté de trouver une issue, dans la logique de son délire. Après un rejet initial catégorique, il a accepté l'idée d'une émasculation et donc d'une féminisation au moins potentielle, c'est-à-dire ne se produisant que dans un avenir lointain, hypothétique et dont il n'aurait à se rapprocher que de façon asymptotique. Il était donc obligé de construire de toute pièce une position féminine qui a fait si cruellement défaut à son enfance, pour faire contrepoids à la stature écrasante de son père, et dans l'actuel de sa vie, pour accéder à la descendance que sa femme ne lui a pas donnée. C'est ce qui fait dire à Freud: "Son mariage, qu'il qualifie par ailleurs d'heureux, ne lui donna pas d'enfants, en particulier ne lui donna pas le fils qui l'eût consolé de la perte de son père et de son frère, et vers lequel eût pu s'épancher sa tendresse homosexuelle insatisfaite. Sa lignée (*Geschlecht*) était menacée d'extinction, et il semble avoir été assez fier de son lignage (*Abstammung*) et de sa famille." Son délire lui offrait l'issue d'un devenir-femme qui lui eût permis de se laisser féconder par les "rayons de Dieu" et de donner naissance à une "nouvelle race d'hommes". Il produisait ainsi sa propre version de ce qui est le noyau de toute psychose, à savoir un délire de filiation. "Schreber peut très bien s'être imaginé que, s'il était une femme, il aurait mieux su s'y prendre pour avoir des enfants...", c'est-à-dire qu'il aurait été une meilleure femme pour son père. Se retrouver en position de femme par rapport au père correspond au fantasme de l'hystérique (homme ou femme), que Schreber est parvenu à reconstruire sur un mode délirant.

Il est intéressant de noter que Freud, pour parler de la lignée, ne cite que des personnages masculins: père, frère, fils, entre lesquels il admet une attraction homosexuelle; comme si le père avait le pouvoir de transmettre directement à son fils, sans passer par l'intermédiaire d'une femme et sans que celle-ci ait la moindre influence sur le processus. Que veut dire cette remarque, sinon que l'attraction homosexuelle au sein de la famille constitue un ciment entre les générations pouvant les empêcher de se différencier et de s'inscrire? Une femme en devient complice, si elle réalise ainsi son fantasme fondamental ou si elle se situe ainsi dans la continuité de sa propre histoire familiale et selon "l'ordre" du père. C'est peut-être ce contre quoi Schreber s'est défendu en construisant à sa manière une position féminine - et donc homosexuelle.

La position féminine, si elle accepte de se soumettre à la *castration symbolique*, devient un facteur de discontinuité. Elle produit ainsi une *flexion du nom*, à l'origine d'une ouverture à r ·lle autre pareille, pour donner lieu à une autre version de celui-ci. Il ne peut en effet se transmettre tel quel, c'est-à-dire égal à lui-même. Une différence radicale se trouve ainsi instituée au début de toute vie et fonde l'ancrage subjectif dans la loi et le symbolique. Le signifiant à son tour s'y réfère, défini comme ce qui n'est pas égal à lui-même: $A \neq A$. Ce principe de non-identité nous enseigne par ailleurs que la transmission ne saurait s'inscrire de façon exclusive d'un seul côté de la différence des sexes(7), mais qu'elle est toujours et par essence transgressive. Voilà pourquoi la nomination ne se produit pas en ligne directe en faisant l'économie de la position féminine, ni ne peut être laissée à la seule gouverne de celle-ci, mais elle est l'effet d'une *inflexion de la lignée*. Une femme joue un rôle privilégié dans ce processus, à la condition de ne pas s'identifier à l'autorité qu'elle contribue à transmettre. Cela est vrai aussi pour l'homme, de sorte que l'un et l'autre ne trouvent leur place que marqués par le sceau de la division, qui les élève au rang de leurs fonctions symboliques respectives dans le système de parenté, en tant que père et mère. L'homme n'y dispose pas plus du nom que la femme, mais il en est le vecteur privilégié - pour l'enfant.

L'introduction de la question du nom dans le raisonnement clinique a des répercussions profondes sur notre approche et notre maniement du transfert qui ainsi se trouve soustrait à toute prise dans l'intersubjectivité. Le principe de non-identité a un effet de réfraction-diffraction sur le nom, de sorte que s'il s'écrit N_1, il se lit comme N_2, mais ne parvient à la génération suivante qu'en tant que N' :

$$\frac{N_2}{N_1} \rightarrow N'$$

Ce qui se transmet donc n'est ni N_1, ni N_2, mais leur quotient. Une condition nécessaire en est que *le nom soit reçu autrement qu'il n'est donné,* mais elle est insuffisante. Cette formulation, tributaire d'une théorie de la communication, est incapable de rendre compte de ce qui se passe et se "transfère" entre les générations. Il ne suffirait pas non plus de dire: "message reçu, parce que parvenu sous forme inversée". Ce qui est valable sur le plan de l'intersubjectivité est rendu caduc par les exigences de la transmission, dont la formule adéquate est que *le nom est transmis autrement qu'il n'est reçu.*

On pourrait s'imaginer que la recherche clinique sur l'hystérie et d'autres structures emprunte le chemin indiqué par cette dernière formulation. Elle devrait aussi permettre de réarticuler ces questions si épineuses pour la pratique psychanalytique: Comment produire du nouveau? et Quel est le statut du nouveau?

NOTES

1. Ajoutons encore, que de *Scheide* est aussi dérivé *Scheit,* morceau de bois coupé, qui a donné lieu au 16e siècle au terme de *Scheiterhaufen,* bûcher. C'est comme si le génie de la langue avait établi un rapport entre le bûcher et le sexe de la femme. (cf. le sort réservé à celles qui étaient désignées comme sorcières).

2. Sophocle, "Oedipe à Colone", v. 1124-1227, trad. par Paul Mazou, éd. "Les Belles Lettres", Paris, 1960, p. 129.

3. Freud Sigmund, 1900, "Die Traumdeutung", G.W. II/III, p. 559, Imago Publishing Co., London, 1942.

4. Duby Georges et Perrot Michelle, "Écrire l'histoire des femme" in "Histoire des femmes", tome 1, Plon, Paris, 1991.

5. Freud S., 1911, "Psychoanalytische Bemerkungen über einen autobiographisch beschriebenen Fall von Paranoia (Dementia paranoides)", G.W. VIII, p. 293.

6. ibid., p. 294.

7. Il en a été ainsi pendant longtemps, pour la philosophie et d'autres discours traditionnels. Notons que c'est le mode de transmission d'un discours qui en détermine la structure.

LES AUTEURS

Elisabeth Roudinesco

historienne et psychanalyste,
vice-présidente de la S.I.H.P.P.,
auteur avec Michel Plon du *Dictionnaire de la Psychanalyse*, Fayard 1997.

Jacqueline Rousseau-Dujardin

psychanalyste,
auteur e.a. de
L'imparfait du subjonctif, L'Harmattan, 1995.

René Major

psychanalyste,
président de la S.I.H.P.P.,
auteur e. a. de
Le discernement, Aubier 1984
De l'éléction, Aubier, 1986
Lacan avec Derrida, Mentha, 1991.

Nicole Edelman

historienne,
maître de conférences à Paris-X Nanterre
auteur de *Voyantes, guérisseuses et visionnaires en France 1785-1914*, Albin Michel, 1995.

Jean Clair

historien de l'art,
directeur du Musée Picasso,
auteur e.a. de
Méduse, Gallimard, 1987
Catalogue de l'exposition *« L'âme et le Corps »*, Grand Palais, 1992
Éloge du visible, Gallimard, 1993.

Mark S. Micale

historien, University of Manchester,
auteur e.a. de
Approaching Hysteria, Princeton University Press, Princeton, 1995.

André Michels

psychiatre et psychanalyste,
co-éditeur de *Jahrbuch für klinische Psychoanalyse* vol. I. *Perversion*, Diskord-Verlag, Tübingen, 1998.

TABLE DES MATIÈRES

www.ingramcontent.com/pod-product-compliance
Lightning Source LLC
LaVergne TN
LVHW051020051026
849532LV00004BA/1300
9782738463012